Asfa-Wossen Asserate

Draußen nur Kännchen

Meine deutschen Fundstücke

Scherz

FSC
Mix
Produktgruppe aus vorbildlich
bewirtschafteten Wäldern und
anderen kontrollierten Herkünften

Zert.-Nr.GFA-COC-001278
www.fsc.org
© 1996 Forest Stewardship Council

www.fischerverlage.de

Vierte Auflage 2010
Erschienen bei Scherz, ein Verlag
der S. Fischer Verlag GmbH, Frankfurt am Main
© S. Fischer Verlag GmbH, Frankfurt am Main 2010
Dieses Werk wurde vermittelt durch die
Literarische Agentur Thomas Schlück GmbH, 30827 Garbsen
Lektorat: Rainer Wieland
Satz: Pinkuin Satz und Datentechnik, Berlin
Druck und Bindung: CPI – Ebner & Spiegel, Ulm
Printed in Germany

ISBN 978-3-502-15157-9

Inhalt

Einleitung

Wer, aus welchen Gründen auch immer, aus seinem eigenen Kulturkreis heraustritt und sich anschickt, in einer ihm fremden Kultur heimisch zu werden, kennt das Erlebnis des Kulturschocks: jenes plötzliche Gefühl, festzustellen, wieviel einen doch von der Mentalität und der Kultur des Landes trennt, in dem man als Fremder Aufnahme gefunden hat. Der Grad von Fremdheit mag für jeden einzelnen unterschiedlich sein. Wenn ich es von heute aus betrachte, kann ich sagen, daß mein Weg nach Deutschland fast vorgezeichnet schien: Als Kind war ich umgeben von deutschen Kindermädchen und Erzieherinnen. Ich besuchte die deutsche Schule in Addis Abeba und wurde von Lehrern unterrichtet, die aus Stuttgart, München und Hamburg nach Äthiopien gekommen waren, und unsere Unterrichtssprache war Deutsch. Deutsch war nach Englisch die zweite Fremdsprache, die ich lernen sollte – und schon nach wenigen Jahren Deutsch empfand ich das Wort »Fremdsprache« in diesem Zusammenhang als nicht mehr passend. Ich absolvierte den Großteil meines Studiums in Deutschland, bin Mitglied eines deutschen Corps geworden, des Corps Suevia, und Ehrenmitglied eines deutschen Schützenvereins. Ich begann, wenn man so will, deutsch zu denken, und nach vielen Jahren, in denen ich als Exilant in Deutschland mit einem Fremdenpaß lebte, bin ich schließlich auch deutscher Staatsbürger geworden.

Und doch widerfuhr auch mir gelegentlich in Deutschland das Erlebnis eines Kulturschocks. Der sicherlich schwerwiegendste ereignete sich im Sommer des Jahres 1968, ein paar Monate nach Aufnahme meines Studiums in Tübingen. Zusammen mit vier deutschen Kommilitonen unternahm ich einen Ausflug ins Elsaß. In einer Straßburger Studentenkneipe schlossen wir Gesellschaft mit einer buntgemischten Gruppe aus Engländern, Franzosen und

Australiern. Es wurde getrunken, und es ging recht fröhlich zu. Irgendwann wurde uns die Frage gestellt, woher wir kämen. Ich entgegnete: »Aus Äthiopien.« Und meine Tübinger Kommilitonen gaben wie aus einem Munde zur Antwort: »Aus Österreich!« Als ich sie später darauf ansprach, erklärten sie mir: »Glaubst du, wir sagen, daß wir aus Deutschland kommen, wenn wir in Frankreich sind!« Es schien mir unbegreiflich: Sie entstammten der Nation, die Beethoven, Goethe und Einstein hervorgebracht hatte. Sie lebten in einem Land, das zu den reichsten der Erde gehört, und in einer musterhaft funktionierenden Demokratie. Sie fühlten sich in ihrem Land gut aufgehoben, und ihnen stand eine glänzende berufliche Karriere bevor. Ihr Land war fast überall auf der Welt hoch angesehen – der historischen Schuld zum Trotz, die es sich in der ersten Hälfte des zwanzigsten Jahrhunderts aufgeladen hatte. Und doch wagten sie es nicht, sich zu der Nation zu bekennen, der sie entstammten. Mehr noch: Sie schämten sich geradezu, Deutsche zu sein.

Vieles hat sich seit damals verändert: Das Verhältnis der Deutschen zu ihrer Nation ist in den letzten Jahrzehnten einer gewissen Selbstverständlichkeit gewichen. Beispielhaft hat sich Deutschland seiner Vergangenheit gestellt – auf eine so ernsthafte und gründliche Art, daß gelegentlich der Hinweis angebracht scheint, die Geschichte der Deutschen sei mehr als nur die Vor- und die Nachgeschichte des Nationalsozialismus. »Die Geschichtsschreiber«, schrieb Golo Mann, »tun Hitler viel zu viel Ehre an, die uns glauben machen wollen, es habe Deutschland seit hundert Jahren nichts anderes getrieben, als sich auf den Nationalsozialismus vorzubereiten.«

Der Ausspruch »Typisch deutsch!«, den man früher des öfteren hörte, ist selten geworden. Als typisch deutsch galten lange Zeit Eigenschaften wie Ordnungsliebe, Pünktlichkeit, Sauberkeit und ein gewisser Hang zur Introspektion. Trafen diese Charakterisierungen jemals zu, und wenn ja, tun sie es auch heute noch? In jedem Klischee, heißt es, liegt ein Körnchen Wahrheit. Aber hat es sie jemals gegeben, die Klischee-Deutschen in kurzen Hosen, weißen Strümpfen und ausgelatschten Sandalen; die urlaubenden Deutschen, die sich vor dem Frühstück morgens um sieben ihren Liegestuhl am Pool sichern? Typisch deutsch? Ich habe diesen Satz fast nie aus dem Mund von Engländern, Amerikanern, Äthiopiern et cetera gehört, sondern allenfalls aus dem Mund von Deutschen, die sich – sei es im Ausland, sei es zu Hause – über ihre eigenen Landsleute mokierten.

Als mein Verlag mir vor einiger Zeit vorschlug, ich möge doch ein Buch über Deutschland und die Deutschen verfassen, nahm ich dies mit großer Skepsis auf. Ein weiteres Buch über die Deutschen? Es gibt doch schon so viele Bücher zu diesem Thema! Zahlreiche vorzügliche Darstellungen liegen über die deutsche Geschichte vor. Namentlich Golo Manns vor vielen Jahrzehnten verfaßte meisterhafte *Deutsche Geschichte des 19. und 20. Jahrhunderts* verdiente es heute noch, Schullektüre zu sein. Nach wie vor sehr lesenswert ist auch das Buch *Über die Deutschen* des englischen Historikers Gordon A. Craig, das dieser in den achtziger Jahren verfaßte. Der Althistoriker Alexander Demandt hat vor kurzem unter dem gleichen Titel eine vorzügliche Kulturgeschichte der Deutschen vorgelegt. Auch mein Buch über *Manieren* berührt gelegentlich Aspekte der deutschen Kultur und der deutschen Geschichte. Und wie ich selbst meinen Weg nach Deutschland fand, habe ich ausführlich in meinem Buch *Ein Prinz aus dem Hause David* beschrieben.

Eine systematische, gar soziologische Darstellung der Deutschen konnte und wollte ich nicht schreiben, und auch keine Geschichte der Deutschen. Wohl aber könnte ich, schlug ich vor, einige der Fundsachen zusammentragen, die ich in den letzten vierzig Jahren in Deutschland aufgelesen habe. Und davon erzählen, was mir in Deutschland im Lauf der Zeit lieb und teuer geworden ist, was mich nachdenklich gestimmt oder bisweilen auch amüsiert hat. Als ich das erste Mal deutschen Boden betrat, existierte in meinem Kopf bereits ein ideales Bild von Deutschland, geschöpft aus den Erzählungen meiner Erzieherinnen und Lehrer und dem Schatz der deutschen Literatur, der Musik und der Künste. Nicht alles, was ich in Deutschland sah, deckte sich mit diesem Bild. Aber auch wenn mir gelegentlich Kleinmut und Mißtrauen begegneten, habe ich mir dieses Idealbild bis heute im Herzen bewahrt.

Inwieweit das, was ich in den letzten vierzig Jahren in Deutschland erlebt und gesehen habe, Allgemeingültigkeit beanspruchen kann, darüber mögen andere urteilen. Wer »die Deutschen« sind, das wird man auch aus diesem Buch wahrscheinlich nicht erfahren. Ich halte es lieber mit Kurt Tucholsky, der einmal erklärte: Ein jeder Deutsche trage sein eigenes, sein Privat-Deutschland im Herzen. So verstehen sich die hier versammelten Essays und Fundsachen als ein Ergebnis teilnehmender Beobachtung. Und auch wenn darin gelegentlich von kleineren und größeren kulturellen Erschütterungen die Rede ist und von dem einen oder anderen Kulturschock, so hoffe ich doch, daß in alledem meine große Zuneigung zu jenem Land zu spüren ist, das mir zur zweiten Heimat wurde.

Asfa-Wossen Asserate

Der Kunde ist König

Zum ersten Mal in meinen Leben betrat ich im Sommer 1965 deutschen Boden, wenn auch nur für eine Stippvisite. Ich reiste mit meiner Mutter nach England, und da Ethiopian Airlines keine Direktflüge von Addis Abeba nach London anbot, flogen wir über Frankfurt am Main. Dort hatten wir mehrere Stunden Aufenthalt. Wir wollten die Zeit nutzen, um uns die Stadt Frankfurt anzusehen. Zu jener Zeit gab es auf deutschen Flughäfen und Bahnhöfen noch Gepäckträger, und glücklicherweise erspähte ich einen von ihnen, als wir aus der Schalterhalle hinaus in die Nachmittagssonne traten. Auf mein Winken hin setzte er sich sogleich mit zackigen Schritten in Bewegung. Doch als er auf halber Strecke die beiden Schrankkoffer neben uns erblickte, blieb er abrupt stehen. Er kramte in seinen Hosentaschen herum, holte eine Handvoll Münzen hervor und zählte sie ab. Dann zog sich ein breites Strahlen über sein Gesicht, er rief uns zu: »Feierabend!« und zog ganz gemächlich von dannen.

Mir imponierte damals jener Gepäckträger am Frankfurter Flughafen, der uns den Dienst verweigerte, um stattdessen – wie ich vermutete – seine Handvoll Münzen in die nächste Kneipe zu tragen. Ein Untergebener, der mir nichts, dir nichts aus seiner Rolle schlüpfte: Das war für den Sechzehnjährigen, der ich damals war, eine durchaus neue Erfahrung. Von frühester Kindheit an war ich in meinem äthiopischen Elternhaus von zahlreichen Bediensteten umgeben, von Kinderfrauen, Köchinnen, Kammerdienern und einem Zeremonienmeister. Ein nostalgisches Schwelgen in Erinnerungen wäre hier fehl am Platz, zumal diese Erinnerungen keineswegs so rosig sind, wie man es vielleicht erwarten würde. Uns Kindern beispielsweise war es strengstens untersagt, den Bediensteten Anweisungen zu geben – dies war einzig und allein den Eltern

11

vorbehalten. Wahrscheinlich vermag es kein Kind der Welt zu würdigen, wenn ihm vom Majordomus die Krawatte gerichtet wird, bevor es sich zu Tisch begeben darf; wenn ihm von behandschuhten Dienern in Livree aufgetragen wird; und wenn es, den duftenden Teller vor sich, das nicht enden wollende Tischgebet des Hauspriesters über sich ergehen lassen muß, bevor es endlich zugreifen darf. Ohne Erzieherin durften wir Kinder uns keinen Schritt von zu Hause fortbewegen. Und als wir zu alt waren für ein Kindermädchen, wurde ein Chauffeur für uns abgestellt. Unser Zeremonienmeister, das personifizierte Gedächtnis unserer Familie und ihres weitverzweigten Stammbaums, kannte mich besser als mein Vater und meine Mutter – und wahrscheinlich auch besser als ich mich selbst. »Man muß in hohem Grade Held sein«, sagte der Marschall Catinat, »um es in den Augen seines Kammerdieners zu sein.«

Wer, wie meine Eltern, eine vielköpfige Dienerschaft beschäftigte, der lud sich auch große Verantwortung auf. Die Bande zwischen Herr und Diener waren unzerreißbar. Unvorstellbar wäre es gewesen, einen Kammerdiener wegen Trunksucht oder Krankheit einfach vor die Tür zu setzen, wie es ganz selbstverständlich Goethe in Weimar praktizierte. Der warf seinen treuen Diener Stadelmann bekanntlich wegen Trunkenheit hinaus, worauf sich selbiger im Jenaer Armenhaus wiederfand und sich zum Schluß dort erhängte. Kam ein Diener meiner Familie in ein Alter, in dem er sich seinen Aufgaben nicht mehr gewachsen sah, trat sein Sohn oder Neffe an seine Stelle, und selbstverständlich behielten der alte Diener und seine Familie ihre Wohnung in der Residenz. Ketemma, der Kammerdiener meines Vaters, war als kleiner Junge ins Haus meiner Eltern gekommen, und als die Revolutionstruppen des Offiziers Mengistu im Jahr 1974 unsere Familienresidenz stürmten, ging er für meine Familie ins Gefängnis.

Solche Lebens- und Schicksalsgemeinschaften zwischen Herren und Dienern, wie es sie auch Deutschland im achtzehnten und neunzehnten Jahrhundert durchaus noch kannte, gibt es heute nicht mehr, auch nicht mehr in meiner afrikanischen Heimat. Wo heute noch Diener beschäftigt werden, genießen sie die Errungenschaften des Angestelltendaseins mit festen Dienstzeiten, Nachtzulagen, freien Wochenenden und Urlaub. »Der Feierabend ist heilig!« – Dieser vielgehörte Satz gilt heute für Kammerdiener und Kofferträger ebenso wie für jeden beliebigen Arbeiter und Angestellten in der freien Wirtschaft.

Ob der Gepäckträger, der uns an jenem Sommernachmittag am Frankfurter Flughafen auf den Beginn seines Feierabends hinwies, wohl noch eine Erinnerung an die ursprüngliche Bedeutung dieses Wortes hatte? Bevor sich der Akzent auf das Ende des Arbeitstags verschob, bezeichnete der Feierabend nichts anderes als den Vorabend eines Feiertages. In den meisten katholischen Gegenden Deutschlands hört man noch das abendliche Angelusläuten, das die Gläubigen zum gemeinsamen Abendgebet aufruft – das traditionelle Einläuten des Feierabends auch in den Zeiten der Stechuhr. Und über die Einhaltung des Feierabends wacht in der katholischen Kirche die heilige Notburga von Rattenberg.

Wie diese zur Schutzpatronin des Feierabends wurde, erzählt die Heiligenvita. Notburga verdingte sich im ausgehenden dreizehnten Jahrhundert als Dienstmagd bei den Herren von Rottenburg, den Hofmeistern der Grafen von Tirol. Weil sie die Reste der Speisen an Arme und Kranke verteilte, wurde sie von der hartherzigen Burgherrin Ottilie vom Hof gejagt. Daraufhin trat die Vertriebene im Achental in die Dienste eines wohlhabenden Bauern. Als dessen Magd versorgte sie nun das Vieh und half bei der Feldarbeit. Von ihrem Dienstherrn hatte sie sich ausbedungen, beim abendlichen Angelusläuten die Arbeit niederlegen zu dürfen, um zu beten. Als sie der Bauer aber eines Abends nicht gehen lassen wollte, warf Notburga ihre Sichel gen Himmel, wo diese an einem Sonnenstrahl hängenblieb. Der Bauer erschrak über das Sichelwunder, und fortan konnte nichts und niemand der Magd Notburga den Feierabend streitig machen. In Eben am Achensee errichtete man ihr nach ih-

13

rem Tod eine Wallfahrtskirche. Dort sind die Gebeine der Patronin des Feierabends in einem gläsernen Schrein am Hochaltar zur Verehrung aufgebahrt.

Wem heutzutage von seinem Arbeitgeber der verdiente Feierabend verweigert wird, der muß sich nicht auf den Beistand der heiligen Notburga verlassen, er kann auf Arbeits- und Tarifverträge pochen, und wenn sämtliche Aussichten auf eine gütliche Einigung zerstoben sind, kann er – so vorhanden – mit Hilfe von Betriebsrat und Gewerkschaft seine Rechte einklagen. Aus der familiären Bindung ist eine verrechtlichte geworden, und aus dem Untergebenen von einst der »Mitarbeiter«. Als Mitarbeiter dürfen sich heute auch die *Footmen* und *Valets* bezeichnen, die man in einigen großen Häusern in England noch antreffen kann. Und erst recht die überall auf der Welt in privaten Haushalten meist stundenweise beschäftigten Haushälterinnen, Köche und Reinigungsfrauen. Aber man mag sich noch so große Mühe geben, das Abhängigkeitsverhältnis mit schönen Worten zu ummanteln, ein Abhängigkeitsverhältnis bleibt es doch.

Auch wer heute kein häusliches Dienstpersonal beschäftigt, schlüpft doch Tag für Tag viele Male in die Rolle eines Herrn, der sich bedienen läßt: Am Fahrkartenschalter und im Taxi, beim Friseur und im Kaufhaus, im Restaurant und an der Currywurstbude nehmen wir »Dienstleistungen« in Anspruch. Und glaubt man den Verheißungen von Fachleuten, ruht in Zeiten, in denen wir aufhören eine Industriegesellschaft zu sein, auf den Schultern der Dienstleistungsgesellschaft gar die ökonomische Zukunft des Landes.

Täuscht aber der Eindruck, daß es im heutigen Deutschland um die Tugend des Bedienens und Bedientwerdens nicht eben zum besten bestellt ist? Daß man hierzulande Menschen, die im sogenannten Dienstleistungssektor arbeiten, gemeinhin mit weniger Respekt gegenübertritt als anderswo? In den meisten europäischen Ländern – etwa in Frankreich, Österreich, Italien und Spanien – genießt der Beruf des Kellners ein hohes Renommee, in Deutschland ist er ein wenig angesehener und obendrein schlecht bezahlter Beruf. Viele Bedienungen, auf die man heute in Restaurants und Cafés trifft, verstehen ihre Tätigkeit weder als Beruf noch als Berufung. Man weiß gar nicht mehr, was zuerst da war: die gesunkene Anerkennung des Dienerstandes oder der Verlust des Berufsethos – jedenfalls handelt es sich um zwei unheilvoll miteinander verwobene, sich in ihrer gegenseitigen Wirkung verstärkende Tatsachen. Daß auch dem Dienen eine Ehre innewohnt, war Tausende Jahre ganz selbstverständlich. Als Inkarnation der Dienerehre galt in Europa lange Zeit ein Mann namens Vatel, der Haushofmeister des Prinzen Condé. Als Maître d'hôtel oblag ihm auf dem herrschaftlichen Schloß Chantilly nicht nur die Oberaufsicht von Service und Küche, er hatte auch für die Darbietungen Sorge zu tragen, welche die Bankette und Empfänge üblicherweise begleiteten, von Musik- und Theateraufführungen bis hin zu prachtvollen Feuerwerken. Tausendfach hatte er sich bei den kompliziertesten Aufgaben bewährt, aber als der Prinz von Condé auf seinem Schloß König Ludwig XIV. empfing, waren auch die Nerven eines Vatel bis zum Zerreißen gespannt. Sechstausend Personen umfaßte die Entourage des Sonnenkönigs, sechstausend Gäste, die standesgemäß bewirtet werden wollten! Nichts durfte dem Zufall überlassen bleiben. Zwölf schlaflose Tage und Nächte der Vorbereitung hatte der Haushofmeister hinter sich, als der König mit seinem Hofstaat eintraf. Zu Beginn des mehrtägigen Empfangs lief alles der Vorsehung gemäß, aber beim Abendessen reichte an zwei Tischen der Braten nicht: ein Vorfall, der Vatel einen schweren Schlag versetzte. Als auch noch das nächtliche Feuerwerk mißlang und von dem für den nächsten Tag, einem Freitag, bestellten Fisch nur zwei Körbe eintrafen, war der Haushofmeister niedergeschmettert. »Diese Schande überlebe ich nicht! Bei meiner Ehre!« rief er aus, dann zog er sich in sein Gemach zurück und stieß sich seinen Degen ins Herz.

Die Blütezeit des Dienens mit all ihren zahlreichen Abstufungen und Hierarchien – Vatels Dienstherr, der Prinz von Condé,

15

verstand sich ja selbst als Diener seines Souveräns, den er in seinem Haus auf bestmögliche Weise bewirten wollte – gehört der Vergangenheit an, und mit ihr die Vorstellung der Ehrbezeigung, die mit dem Bedientwerden ebenso einhergeht wie mit dem Bedienen. Herren und Knechte soll es nicht mehr geben, lautet seit der Französischen Revolution die Parole. Und so wollen die einen ihren Beruf gar nicht mehr ausüben – Gepäckträger auf Flughäfen und Bahnsteigen sind heutzutage eine rare Ausnahme –, und die anderen wollen auf den ihnen offerierten Diensten nicht länger bestehen. »Der Kunde ist König«, wird heute Verkäufern, Kellnern, Eisenbahnschaffnern und inzwischen auch Sachbearbeitern im Arbeitsamt – das sich nun »Agentur für Arbeit« nennt – gebetsmühlenartig vorgesagt. Aber will der Kunde überhaupt König sein, und sei es nur für ein paar Minuten? Ist es nicht so, daß es heute viele fast schon als peinlich empfinden, bedient zu werden? Nicht wenige ziehen es vor, in einem Selbstbedienungsrestaurant zu speisen, weil ihnen die Vorstellung unangenehm ist, einem Kellner gegenüberzutreten. Der Geschäftsinhaber einer Boutique klagte mir gegenüber vor kurzem, daß nicht wenige sogenannter Laufkunden auf der Stelle kehrtmachen und wortlos den Laden verlassen, wenn sie von einer Verkäuferin in aller Freundlichkeit darauf angesprochen werden, ob man ihnen behilflich sein könne.

Die Liste der Beispiele ließe sich fortsetzen, aber auf eines sei hier noch hingewiesen: In fast allen Regionen der Welt ist das Schuheputzen eine ganz selbstverständliche Dienstleistung. In Äthiopien etwa heißen die Schuhputzer *listros,* und ihre Stände finden sich in Addis Abeba an fast jeder Straßenecke. Hierzulande hingegen sind fliegende Schuhputzer praktisch unbekannt – obwohl es doch dafür Bedarf geben müßte, wie ein flüchtiger Blick auf das Schuhwerk der Passanten in jeder beliebigen Fußgängerzone zu zeigen vermag. Egal ob in München oder in Berlin, überall sieht man Menschen mit ungeputzten Schuhen zur Arbeit gehen. Warum ist das Schuheputzen, sogar in besseren Hotels, als Dienstleistung derart verpönt? Wer sich den Füßen eines anderen zuwendet, muß sich klein machen, sich bücken, sich erniedrigen. Empfinden wir es heute als peinlich, wenn jemand vor uns kniet?

Fast überall in Europa hat der demokratische Gedanke von der Gleichheit der Menschen Fuß gefaßt, und in kaum einem anderen Land der Welt ist er heute so tief verwurzelt wie in Deutschland. Dabei wird manchmal übersehen, daß diese Gleichheit des Menschen vor allem die Gleichheit vor dem Gesetz meint und keineswegs die im Umgang miteinander. Ein manierlicher Mensch wird den anderen immer als einen Höherstehenden betrachten, als einen, dem höchste Aufmerksamkeit zusteht. Ein religiöser Mensch, der sich von den Prinzipien der Nächstenliebe leiten läßt, sowieso. Er begegnet seinem Nächsten so, wie es einst Jesus Christus getan hat, als er sich beim letzten Abendmahl dazu herabließ, seinen Jüngern die Füße zu waschen. Damals galt das Waschen der Füße eines anderen als eine kaum zu überbietende Demütigung. Für so etwas waren in alter Zeit Sklaven zuständig. Die Wege waren staubig, und Schuhwerk war teuer, meist war man barfuß unterwegs. Die Fußwaschung diente dann nicht nur der Reinigung, sondern auch der Heilung und Pflege der durch lange Wanderungen wundgelaufenen Füße.

Die Schilderung, wie sie uns das Johannes-Evangelium gibt, ist schlicht und beeindruckend. Jesus steht vom Mahl auf, legt sein Obergewand ab und umgürtet sich mit einem leinenen Tuch. Dann gießt er Wasser in ein Becken und wäscht seinen Jüngern einem nach dem anderen die Füße und trocknet sie ihnen mit dem Leinenschurz ab. All das vollzieht sich schweigend und nicht ohne Feierlichkeit. Nur Petrus wagt es zu protestieren. Ihm antwortet Jesus Christus: »Wenn ich dich nicht wasche, so hast du kein Teil an mir.« Und: »Ein Beispiel habe ich euch gegeben, damit ihr tut, wie ich euch getan habe.« Zwei Sätze von weitreichender Bedeutung: die Geburtsstunde und das Gesetz christlicher Nächstenliebe. Der Brauch der Fußwaschung hat sich nicht nur in der äthiopischorthodoxen Kirche bewahrt, sondern auch in der katholischen Abendmahlmesse am Gründonnerstag vor Ostern. Bis zum Ende des Ersten Weltkriegs, als die Revolution ihn und zahlreiche andere europäische Monarchen vom Thron stürzte, wusch der deutsche Kaiser höchstselbst am Gründonnerstag zwölf Armen die Füße. In der Wiener Hofburg nahm Kaiser Franz Joseph die Fußwaschung an zwölf alten Männern vor. Im Jahr 2006 erregte es großes Aufsehen, als Papst Benedikt XVI., anders als seine Vorgänger, für das traditionelle Zeremoniell nicht zwölf Priester, sondern zwölf Laien der Kirche erwählte. Auch wenn es manchem Europäer kurios erscheinen mag: In nicht wenigen Kulturen ist das Ritual der Fußwaschung heute noch gang und gäbe als ein Zeichen des Respekts und der Wertschätzung des Nächsten. In meiner Heimat Äthiopien beispielsweise kann man es vor allem auf dem Lande beobachten, daß einem ankommenden Besucher als Ehrbezeigung die Füße gewaschen werden.

Im preußischen Deutschland erklärte sich im achtzehnten Jahrhundert König Friedrich der Große zum ersten Diener seines Staates und nahm damit Abschied von der Idee des gottgleichen Souveräns, wie sie der französische Sonnenkönig so vortrefflich inszenierte. Könnten wir uns heute einen deutschen Bundeskanzler oder einen deutschen Bundespräsidenten vorstellen, der öffentlich einem der Bürger des Landes die Füße wüsche? Die Frage mag ebenso absonderlich klingen wie die umgekehrte: Können wir uns heute einen selbstbewußten mündigen Staatsbürger vorstellen, der sich von seinem Staatsoberhaupt die Füße waschen ließe? Zu einer Geste der Demut gehören doch immer zwei: einer, der von seinem hohen Roß demütig herabsteigt, und einer, der sich erhöhen läßt – und beides scheint nur noch schwer in Einklang zu bringen zu sein mit einem Staat, in dem sich das Volk selbst als Souverän versteht und die Spitzen der Regierung als für die Dauer einer Legislaturperiode gewählten Repräsentanten des Volkswillens.

Politische Gesten der Demut mögen im demokratischen System

die große Ausnahme sein, es haftet ihnen etwas Anachronistisches an. Gerade deshalb kommt ihnen um so größere Strahlkraft zu.

In der sechzigjährigen Geschichte der Bundesrepublik Deutschland gibt es eine Demutsgeste, die sich tief ins kollektive Gedächtnis eingegraben hat: der Kniefall von Bundeskanzler Willy Brandt vor dem Ehrenmal des jüdischen Ghettos in Warschau. Ihm voraus ging eine jener typischen rituellen Gedenkzeremonien, wie sie für Staatsbesuche heute üblich sind. Zu Füßen des Warschauer Denkmals wurde von zwei Trägern ein Kranz niedergelegt, Willy Brandt trat nach vorn, richtete die Schleifen, ging ein paar Schritte rückwärts – und dann geschah das Unerhörte: Der deutsche Bundeskanzler sank, die Hände vor dem Mantel gefaltet, auf die Knie. Die Menge der rundherum versammelten Journalisten und Fotografen, die im Gerangel um die beste Aufnahme eben noch lautstark gedrängelt und geschubst hatte, verstummte im Nu, es herrschte atemlose Gespanntheit. War der Bundeskanzler gestürzt oder in Ohnmacht gefallen? Nichts von alledem: er kniete.

Wenn man heute an diese Geste erinnert, darf man nicht vergessen, daß Brandts Kniefall damals in seiner Heimat keineswegs nur auf Zustimmung stieß. Ein Kanzler, der auf die Knie fällt – und noch dazu in einem diktatorisch regierten Land, das erschien vielen Deutschen geradezu als empörend oder doch zumindest als übertrieben. Nicht wenige wollten den Kniefall vor den polnischen jüdischen Opfern des Nationalsozialismus als einen Kniefall vor dem Warschauer Pakt mißverstehen. Jeder, der die Szene direkt verfolgte, sah, daß Willy Brandt diese Geste nicht im vorhinein geplant hatte, und das macht sie noch tausendmal prächtiger. Er, der selbst keine Schuld auf sich geladen hatte, bekannte sich im Namen seines Volkes zur Schuld der Deutschen an der polnischen Nation im Zweiten Weltkrieg und bat im Namen seines Volkes um Vergebung. Er habe das getan,»was Menschen tun, wenn die Sprache versagt«, erklärte Brandt rückblickend in seiner Biographie.»Er kniete nieder und erhöhte sein Volk«, beschrieb es der Schriftsteller Lew Kopelew,

19

der selbst zu den Gefangenen des Warschauer Ghettos gehört hatte. Ich weiß nicht, ob es vielen jungen Deutschen bewußt ist: Kaum ein anderes Ereignis in der Geschichte der Bundesrepublik hat das Ansehen Deutschlands als eines friedliebenden Landes, das sich seiner historischen Schuld und Verantwortung stellt, mehr befördert als Willy Brandts Kniefall in Warschau.

Schön und gut, mag man mir entgegenhalten, in der Sphäre des Religiösen können Gesten der Demut ihren Platz haben, ebenso im privaten Umgang miteinander und vielleicht auch gelegentlich in der Politik; aber im Geschäftsleben, beim Einkaufen, wo die Dienstleistung nichts weiter als eine Ware ist, für die wir mit gutem Geld bezahlen? Mir jedenfalls erscheint der Gedanke abwegig, daß wir auf einen respektvollen Umgang miteinander verzichten sollten, nur weil das Schmiermittel Geld im Spiel ist, frei nach der Maxime: »Wer zahlt, schafft an.« Es ist die Maxime des Parvenü, der sich einbildet, sein Geld verleihe ihm gegenüber seinem Mitmenschen eine höhere Stellung. Gelegentlich lassen sich solche Parvenüs im Restaurant studieren, wo sie mit den Kellnern umspringen, als handle es sich um ihre persönlichen Leibeigenen und, um ihrer Freundin zu imponieren, den Wein dreimal zurückgehen lassen (ohne zu bemerken, daß es immer wieder dieselbe Flasche ist, die sie vorgesetzt bekommen). Ich nehme mir lieber den Schriftsteller Joseph Roth zum Beispiel, der bekanntlich sein Leben im Hotel verbrachte und vielleicht schon aus diesem Grund allen Portiers, Zimmermädchen und Kellnern mit vollendeter Demut begegnete. Gelegentlich soll es auch vorgekommen sein, daß er eine Kellnerin im Kaffeehaus mit Rosen überhäufte – ganz ohne irgendeinen Hintergedanken, wohlgemerkt. Der Kunde darf König sein, das sollte ihn aber nicht davon abhalten, in dem, der ihn bedient, den verborgenen Kaiser zu sehen.

In Indien habe ich öfters die Grußformel »Namaste« gehört, was soviel heißt wie: »Ich beuge mich vor dem Göttlichen in dir.« Für »Namaste« gibt es im Deutschen keine Entsprechung. Aber auch wer hierzulande kein Herr mehr sein will, möchte doch nicht darauf verzichten, mit »Herr« angeredet zu werden; und eine jede Dame freut sich, wenn sie mit einem Handkuß begrüßt wird. Im Österreichischen und Süddeutschen hat sich bis heute, zum Willkommen wie auch zum Abschied, der Gruß »Servus« bewahrt, das lateinische Wort für »Diener«. Und als ich vor einiger Zeit im Thüringer Wald unterwegs war, machte ich in der Nähe von Sonneberg eine ganz zauberhafte Entdeckung: Dort, wo sich in der Abgeschiedenheit der deutsch-deutschen Grenze der itzgründische Dialekt konserviert hat, begrüßt man sich heute noch ganz selbstverständlich statt mit »Guten Tag!« und »Grüß Gott!« mit dem Wort »Diener!«.

Asserate im Hirsch

Landauf, landab ertönt die Klage, es werde nicht mehr gelesen, und erst recht keine Bücher mehr. Doch wenn es auf der Welt ein Land gibt, auf das die Bezeichnung Leseland zutrifft, dann ist es Deutschland. Wohl kaum eine zweite Nation beherbergt so viele Literaturhäuser und literarische Gedenkstätten, Bibliotheken und Buchhandlungen. In jedem Städtchen, das etwas auf sich hält, finden sich ein oder zwei kleine Buchhandlungen, und noch im winzigsten Dorf versammelt die Frau des Bürgermeisters einen Zirkel interessierter Damen, um sich mit ihnen in regelmäßigen Abständen über die literarischen Neuerscheinungen der Saison auszutauschen.

Ein besonderes Phänomen, das untrennbar mit dem Leseland Deutschland verbunden ist, ist das der Autorenlesung. In den allermeisten Ländern sind solche Schriftstellerlesungen gänzlich unbekannt, allenfalls zu Signierstunden scharen dort Autoren ein Publikum um sich. Wie anders in Deutschland: Wer hier ein neues Buch veröffentlicht, darf sich freuen, eine – mal längere, mal kürzere – Lesereise anzutreten, die ihn quer durch die Republik und in die entlegensten und zauberhaftesten Winkel des Landes führen kann. Buchhändlerinnen und Buchhändler in Ortschaften, die kaum ein paar tausend Einwohner zählen, pflegen diese Tradition mit Leidenschaft und verwandeln so ihre Buchhandlung – nicht selten der kulturelle Mittelpunkt der Gemeinde – in ein kleines Goethe-Institut. Ich darf sagen, daß ich in den Hunderten von Veranstaltungen, die ich auf meinen Lesereisen mit meinen Büchern *Manieren* und *Ein Prinz aus dem Hause David* absolvierte, Deutschland erst richtig kennengelernt habe. Und egal, an welchen Ort ich kam und las, überall erwartete mich ein wißbegieriges Publikum.

Wie so viele Dinge wird allerdings auch die Autorenlesung in Deutschland in aller Regel mit gebührender Ernsthaftigkeit vollzogen. Man liegt wohl nicht gänzlich falsch, wenn man annimmt, daß ihre Ursprünge auf die Heilige Messe zurückgehen. Seit dem Mittelalter waren es die christlichen Klöster, welche die Tradition des Vorlesens weitertrugen. Im Refektorium pflegte ein wöchentlich wechselnder »Vorleser« seinen Mitbrüdern beim Essen aus der Bibel und anderen heiligen Schriften vorzutragen. Der heilige Benedikt verfügte im Jahre 529, als er sein erstes Kloster in Montecassino gründete, im Blick auf die Lesungen bei Tische: »Es herrsche größte Stille. Kein Flüstern und kein Laut sei zu hören, nur die Stimme des Lesers.« Und weiter: »Niemand nehme sich heraus, bei Tisch Fragen über die Lesung oder über etwas anderes zu stellen, damit es keine Gelegenheit zum Unfrieden gibt.« Noch heute scheiden sich die Geister an der Frage, ob im Anschluß an eine Lesung Fragen des Publikums zugelassen sind. Es soll Autoren geben, die ein solches Ansinnen barsch zurückweisen, zu ihnen freilich gehöre ich nicht. Denn ich weiß, daß die meisten Menschen solche Veranstaltungen nicht deshalb besuchen, um etwas vorgelesen zu bekommen, sondern um den Autor leibhaftig zu sehen und, sofern es die Umstände erlauben, etwas über ihn zu erfahren. Also halte ich meine Lesungen kurz und gebe dem Publikum lieber ausführlich Gelegenheit, mir Fragen zu stellen.

Der Zauber, der von einer Lesung ausgehen kann, ist schwer in Worte zu fassen. Wohl nur wenige Autoren sind heute in der Lage, eine so durchschlagende Kraft zu entfalten wie Franz Kafka, als er im Winter 1917 in München aus seiner Erzählung *In der Strafkolonie* vorlas. »Kafka saß auf einer Rampe am Vortragspult, schattenhaft, dunkelhaarig, bleich, eine Gestalt, die ihre Verlegenheit über die eigene Erscheinung nicht wirklich zu bannen wußte«, erinnert sich der Schriftsteller Max Pulver, der im Publikum saß. »Mit den ersten Worten schien sich ein fader Blutgeruch auszubreiten, ein seltsam fader und blasser Geschmack legte sich mir auf die Lippen. Seine Stimme mochte entschuldigend klingen, aber messerscharf drangen seine Bilder in mich ein, Eisnadeln voll abgründiger Quälerei.

Ein dumpfer Fall, Verwirrung im Saal, man trug eine ohnmächtige Dame hinaus.« Noch zwei weitere Damen sollen dann im Verlauf von Kafkas Vortrag ohnmächtig zu Boden gesunken sein.

Von den zahlreichen Veranstaltungen, die ich auf meinen Lesereisen bestritt, ist mir besonders eine unvergeßlich geblieben: eine Lesung in Obergünzburg, einem malerischen Städtchen mitten im Allgäu. Als ich dort eintraf, empfing mich ein riesiges Bettuch, quer über die größte Brücke des Ortes gespannt, auf dem rot gepinselt stand: »19.30 Uhr Asserate im Hirsch«. Man hatte den Festsaal im »Goldenen Hirsch« am Marktplatz für meine Lesung hergerichtet, den größten Raum im Ort. Und der Saal platzte aus allen Nähten an jenem Abend, ganz Obergünzburg schien auf den Beinen zu sein. Die Blaskapelle der freiwilligen Feuerwehr spielte auf, als ich den Saal betrat. So ähnlich, ging es mir durch den Kopf, mußte sich Franz Josef Strauß gefühlt haben, wenn er am Aschermittwoch in die Passauer Nibelungenhalle einzuziehen pflegte. Es war mucksmäuschenstill im Saal, während ich einige Kapitel aus meinem Werk *Manieren* vortrug. Kaum hatte ich das Buch zugeklappt, wurde ich auch schon überschüttet mit Fragen: »Wieso sprechen Sie so gut Deutsch?« – »Wie sind Sie von Äthiopien nach Deutschland gekommen?« – »Wie kam es, daß Sie sich mit dem Thema Manieren beschäftigten?« Nachdem ich, zunehmend erschöpft, über eine Stunde geduldig Auskunft gegeben hatte, ergriff der Leiter der Feuerwehrkapelle das Wort und fragte, ob ich nicht vielleicht zum Abschluß ein Stück dirigieren wolle, ich dürfe mir auch ein Lied aussuchen. Ich weiß nicht mehr, wie ich darauf kam – jedenfalls erlebte die Veranstaltung ihren zünftigen Ausklang, indem ich zur großen Freude des versammelten Publikums den Bayerischen Defiliermarsch dirigierte.

My Favourite Kraut

Seitdem die Menschheit in Nationen zerfallen ist, existieren in den verschiedenen Ländern mehr oder weniger ernstgemeinte Spottnamen für die Angehörigen der jeweils anderen Völker, für die weit entfernten und die in der Nachbarschaft. Die Deutschen sind mit einem reichhaltigen Schatz derartiger Bezeichnungen bedacht worden – die wechselvolle Geschichte Deutschlands und der nicht immer friedvolle Umgang mit den Nachbarn mögen dazu das ihre beigetragen haben. In vielen Fällen liegen Bedeutung und Herkunft dieser Spott- und Schimpfnamen auf der Hand, bisweilen sind deren Ursprünge aber auch schillernd und recht geheimnisvoll. Ein ganzer Forschungszweig der Ethnologie beschäftigt sich heute mit solchen Ethnophaulismen, wie sie im Jargon der Experten genannt werden.

In Frankreich ist seit der ersten Hälfte des zwanzigsten Jahrhunderts für die Deutschen der Begriff *Boche* gebräuchlich, der sich von *la boche*, die Holzkugel, ableitet – und mithin dem Nachbarn im Osten eine gewisse Holzköpfigkeit attestiert. Im Niederländischen war bereits im siebzehnten Jahrhundert die Bezeichnung *Mof* bekannt, zunächst nur auf die Ostfriesen und Emsländer gemünzt, später auf die Deutschen allgemein übertragen. Das Wort wurde seinerseits aus dem Deutschen importiert, es leitet sich von muffig ab, womit man auch damals schon einen Nörgler und Griesgram bezeichnete. Als im goldenen holländischen Zeitalter in großer Zahl deutsche Handwerker als Gastarbeiter nach Holland kamen, hatte man für sie den Namen Hans Mof parat. Ein ganzes Füllhorn von despektierlichen Bezeichnungen für die Deutschen hält die polnische Sprache bereit, von denen *Szwab*, polnisch für Schwabe, und *Szkop*, wahlweise abgeleitet vom polnischen Wort für Schafsbock oder Holzfaß, die populärsten sind. In Österreich war es ein preußischer Kapellmeister und Komponist, der dem bis heute populärsten Spottnamen für die Deutschen, wenn auch nicht freiwillig, seinen Namen lieh. Noch auf dem Schlachtfeld von Königgrätz soll Johann Gottfried Piefke unter dem frischen Eindruck der flüchtenden Truppen der k.u.k.-Armee seinen Königgrätzer Marsch zu Papier gebracht haben. Beim Einzug der siegreichen preußischen Armee in Wien marschierte der preußisch-königliche Musikdirektor dann mit seinem Bruder an der Spitze, was die Wiener zu dem Ausruf »Die Piefkes kommen!« veranlaßt haben soll.

Von Churchill ist der berühmte Satz überliefert, daß man nie wisse, woran man mit »den Hunnen« sei: »Wenn sie einem nicht an die Kehle wollen, dann liegen sie einem zu Füßen.« Für den Begriff *huns*, der in Großbritannien während des Ersten Weltkriegs zur Bezeichnung der Deutschen populär wurde, stand Wilhelm II. höchstpersönlich Pate: Im Sommer 1900 hatte der Kaiser in Bremerhaven das Ostasiatische Expeditionskorps zur Niederschlagung des chinesischen Boxeraufstands mit den Worten verabschiedet: »Wie vor tausend Jahren die Hunnen unter ihrem König Etzel sich einen Namen gemacht, der sie noch jetzt in der Überlieferung gewaltig erscheinen läßt, so möge der Name Deutschland in China in einer solchen Weise bestätigt werden, daß niemals wieder ein Chinese es wagt, einen Deutschen auch nur scheel anzusehen.« Etwas später gesellte sich zu den *huns* ein weiterer englischer Spottname, diesmal aus dem Bereich des Kulinarischen. Die Bezeichnung *krauts* ist bis heute auf den Britischen Inseln recht populär – auch wenn das Sauerkraut, wie wir heute wissen, in Wahrheit eine mongolische Erfindung ist und überdies seit geraumer Zeit in Frankreich weitaus beliebter als in Deutschland. Wie schnell man in England bisweilen mit dem Wort *kraut* bei der Hand war, erfuhr ich Anfang der siebziger Jahre am eigenen Leib. Als ich nach zwei prägenden Jahren in Tübingen nach Cambridge kam, um dort mein Studium fortzusetzen, geriet ich schnell in den Verdacht, allzu germanophil zu sein. Es war Reresby Sitwell, ein elterlicher Freund aus der berühmten

Sitwell-Familie, der mich mit dem Spitznamen *My Favourite Kraut* bedachte, mit durchschlagendem Erfolg übrigens: Noch heute höre ich diese scherzhafte Bezeichnung gelegentlich aus dem Mund einiger englischer Freunde. Immerhin, so tröste ich mich, werde ich nicht *My Favourite Hun* genannt!

Stets war man sich in Großbritannien seiner besonderen Insellage bewußt, und bis heute veranlaßt die *Splendid Isolation* nicht wenige, mit einer gewissen Herablassung auf Kontinentaleuropa zu sehen. Nicht ohne Grund: Welche andere Nation kann schon von sich behaupten, seit mehr als tausend Jahren kein fremdes Heer als Eroberer auf eigenem Boden gesehen zu haben! Fest und unangefochten stand Albion auch in der Brandung, als in der ersten Hälfte des zwanzigsten Jahrhunderts die Stürme des Totalitarismus über ganz Europa hinwegfegten und überall ein Bild der Verwüstung hinterließen. Zu den meisten Nationen, die im Zweiten Weltkrieg auf der gegnerischen Seite standen, hat Deutschland in den letzten Jahrzehnten ein alles in allem recht entspanntes Verhältnis entwickelt, aber die Beziehung zwischen Engländern und Deutschen scheint nach wie vor ein besonderer Fall zu sein.

Die tektonischen Ausschläge dieser spannungsvollen Beziehung habe ich, der ich mich in England fast genauso zu Hause fühle wie in Deutschland, bei manchen Gelegenheiten zu spüren bekommen. In den britischen Buchhandlungen erfreuen sich bis heute Überlebensratgeber großer Beliebtheit, in denen britische Autoren von ihren Deutschlandaufenthalten berichten. Nicht alle tragen so schillernde Titel wie das Buch von Roger Boyes, seines Zeichens Deutschland-Korrespondent der *Times: A Year in the Scheiße* (vom deutschen Verlag wurde es mit dem Titel *My Dear Krauts* annonciert); aber der Inhalt, mal mehr, mal weniger humoristisch vorgetragen, ist doch stets der gleiche: Wer als Brite das Wagnis auf sich nehme, deutschen Boden zu betreten, müsse sich darauf gefaßt machen, es mit einer Horde humorloser biertrinkender tumber Teutonen zu tun zu bekommen, die nur auf die nächstbeste

Gelegenheit warteten, sich den Stahlhelm aufzusetzen und wieder loszumarschieren.

Wenn man die englischen Boulevardzeitungen aufschlägt, beschleicht einen gar das Gefühl, der Zweite Weltkrieg sei noch in vollem Gange – mögen sich auch die Fronten ein wenig verschoben haben. Die entscheidenden Schlachten werden heute auf dem Felde des Sports und des Tourismus geschlagen. Jahr für Jahr meldet die britische *yellow press* pünktlich zur Urlaubssaison Neuigkeiten vom »Handtuchkrieg«, der zwischen deutschen und britischen Touristen vor allem auf den Kanarischen Inseln, in der Türkei und in Ägypten toben soll – von der gegnerischen Seite mit, wie sollte es anders sein, äußerst unfairen Methoden geführt. Im letzten Jahr wußte der *Daily Telegraph* von einem englischen Reiseveranstalter zu berichten, der seinen deutschen Kunden das exklusive Angebot offerierte, sich schon bei Buchung der Reise einen bevorzugten Platz am Hotelpool zu sichern. Für ein paar Euro am Tag könnten sie ihren Liegestuhl für den gesamten Urlaub reservieren – und müßten also nicht mehr in der Morgendämmerung ins Freie eilen, um sich durch Ausbreiten des Handtuches ihren Platz an der Sonne zu sichern. Großen Zuspruchs erfreuten sich im Sommer 1997 bedruckte Strandlaken, welche die Zeitung *The Sun* ihren Lesern offerierte. In großen roten Lettern war auf ihnen zu lesen: »I got to the pool before the Germans – and I've had my breakfast.« Ob dieses immer wieder aufs neue bediente Stereotyp des deutschen Liegestuhl-Okkupierens einen statistisch relevanten Hintergrund hat, vermag ich nicht zu sagen. In der Saure-Gurken-Zeit jedenfalls sorgt es in Großbritannien verläßlich für Schlagzeilen – und an den Kiosken für verläßlich guten Absatz.

Gelegentlich ist zu beobachten, daß die Frontberichterstattung auch auf die seriöse Presse übergreift. So wurde vor kurzem in der ehrwürdigen *Times* vom unmittelbar bevorstehenden Einfall von Hunderttausenden »Nazi-Racoons«, Nazi-Waschbären, gewarnt. Im Kleingedruckten war von einer Waschbärplage im Raum Kassel zu lesen, die ihren Ursprung in einer verhängnisvollen Order von Reichsmarschall Hermann Göring aus dem Jahre 1934 habe. Der passionierte Jäger habe damit die Fauna des Tausendjährigen Reiches bereichern wollen – mit langfristigem Erfolg: In den letzten Jahren hätten sich die Tiere mit der Panzerknackermaske im Großraum Kassel explosionsartig vermehrt und sich vielerorts in Kellern und Dachböden eingenistet, wo sie beträchtliches Unheil anrichteten. Mit großem Aufwand müßten die Häuser nun »waschbärsicher« gemacht werden. Wie freilich der Armee der Nazi-Waschbären die Invasion auf die Britischen Inseln gelingen sollte – die Antwort auf diese Frage blieb die *Times* ihren Lesern schuldig.

Man kann die Liste dieser Beispiele beliebig erweitern, aber man tut gut daran, ihnen nicht allzuviel Gewicht beizumessen – handelt es sich doch um schablonenhafte Karikaturen, die, meist mit einer Prise Ironie gewürzt und zum Zwecke der Unterhaltung eingesetzt, mit realen Gegebenheiten nur wenig zu tun haben. Wie eben auch in den James-Bond-Filmen der Gegenspieler des Agenten im Dienst Ihrer Majestät vorzugsweise ein finsterer deutschsprechender Bösewicht sein muß, von Gert Fröbe vielleicht am treffendsten verkörpert. Und auch wenn in jedem Stereotyp ein Körnchen Wahrheit steckt, sagen sie vielleicht doch mehr aus über die, die sich ihrer bedienen, als über die auf solche Weise Verspotteten. So verhält es sich auch mit dem berühmten Satz »Don't mention the War« aus der britischen Fernsehserie *Faulty Towers* (Das verrückte Hotel), der für das anglo-deutsche Verhältnis sprichwörtlich geworden ist. »Nicht den Krieg erwähnen!« schärft der cholerische Hotelbesitzer Basil Fawlty, gespielt von dem unnachahmlichen John Cleese, seinem Personal im Umgang mit den deutschen Hotelgästen ein, um dann freilich selbst über diese ein Füllhorn von Anspielungen auf Hitler, Göring, Goebbels und Co. auszugießen. Die Szene endet bekanntlich damit, daß Cleese sich von seinen konsternierten Gästen im demonstrativen Stechschritt verabschiedet.

Daß hier weniger die Deutschen als die britische Kriegsbesessenheit auf den Arm genommen wird, liegt auf der Hand. »Oh! What a lovely War!« – Diesen Satz hört man noch heute gelegentlich, wenn in englischen Clubs das Gespräch auf den Ersten Weltkrieg kommt. Wer einen zuverlässigen Eindruck von der nach wie vor ungebrochenen britischen Faszination für das Militärische bekommen will, dem sei ein Besuch im Londoner Imperial War Museum empfohlen. Viele Hunderte von Besuchern strömen Tag für Tag in die Ausstellungshallen in der Lambeth Road, wo sich riesige Modelle von Kanonen, U-Booten und Jagdflugzeugen aneinanderreihen – sogar eine V2-Rakete ist dabei – und in mehreren Sälen die Insignien britischer Kriegsherrlichkeit ausgebreitet werden: Gewehre, Uniformen, Fahnen, Rekrutierungsaufrufe, Tapferkeitsmedaillen, Kapitulationsurkunden und allerlei mehr. Gleichwohl ist das Museum weit davon entfernt, eine Versammlungsstätte für Veteranen zu sein. Ich war überrascht, hier eine große Zahl von jungen Leuten vorzufinden, die sich mit großer Ernsthaftigkeit in Aufmarschprotokolle und Schlachtpläne vertieften. Ein wenig Wehmut über den Verlust des einstmals so mächtigen Empire mag mit im Spiel sein, aber es offenbart sich hier eben auch eine große Neugier für die eigene Geschichte. Die Rolle der Deutschen in den beiden großen Kriegen des zwanzigsten Jahrhunderts wird im Imperial War Museum übrigens mit einer bewundernswerten Sachlichkeit und Differenziertheit dargestellt.

Die Ursprünge der anglo-deutschen Verwerfung liegen, wie gemeinhin vermutet, übrigens nicht im Zweiten Weltkrieg, sie lassen sich bis zum Beginn des Ersten Weltkriegs zurückverfolgen. Lange gab man sich in London, Wien, Moskau und Berlin der Illusion hin, die engen verwandtschaftlichen Verflechtungen zwischen den europäischen Königshäusern – bekanntlich war Wilhelm II. das Enkelkind von Queen Victoria und der Sohn einer Britin, die wiederum eine Halbdeutsche war – würden den Ausbruch eines großen Krieges verhindern können, mochten die Säbel allüberall auch noch so laut rasseln. Jahrzehntelang waren die Völker Europas von Politikern und Journalisten gegeneinander in Stellung gebracht worden, und wie oft lag der große Krieg nicht schon in der Luft! Als es dann im August 1914 tatsächlich soweit war, zog man in London mit ebensolchem Jubel in den Krieg wie in Berlin. »Es war kein Wunder, daß der Krieg kam«, schreibt Golo Mann in seiner *Deutschen Geschichte*. »Es war eines, daß er so lange *nicht* gekommen war.« In der Propaganda der Alliierten, die sich auf den einen großen Gegner in Berlin konzentrieren konnte, geriet der Krieg zur Entscheidungsschlacht zwischen den friedliebenden Demokratien und teutonischer Barbarei. In Deutschland wiederum, das sich doch einer so großen Vielzahl von Gegnern gegenübersah, wurde nicht Rußland oder Frankreich, sondern England zum Hauptfeind erkoren: Großbritannien war die große Kolonialmacht, die auf ihre Dominions zurückgreifen konnte, sie kontrollierte den Kanal durch ihre mächtige Flotte, mit der man im Reich so gerne konkurriert hätte. Die Rede vom »perfiden Albion« machte die Runde. Hier die Nation der »Händler«, dort die wahren »Helden«, lautete die ausgegebene Schlachtordnung: Während die englischen Händler nur auf ihren Vorteil schielten, kämpften die deutschen Helden um ihrer selbst willen, aus tiefer Überzeugung. Der Kampf zwischen England und Deutschland wurde zum Kampf auf Leben und Tod stilisiert.

Der Zeitpunkt, an dem die Stimmung umschlug, läßt sich übrigens recht genau beziffern: Am 7. Mai 1915 versenkte ein deutscher Torpedo vor der Südküste Irlands den der britischen Admiralität unterstellten amerikanischen Atlantikdampfer »Lusitania«. An Bord befanden sich neben Tausenden Kisten mit Granaten und Munition für die britische Armee auch 1258 Passagiere und 701 Besatzungsmitglieder – fast 1200 Menschen fielen dem Angriff zum Opfer. Hoch schlugen die Wellen der Empörung: Vom Londoner Fleischmarkt wurden die deutschen Metzger verjagt und von der Börse die deutschen Händler. Auf offener Straße wurden mit Verweis auf ihren deutschen Stammbaum sogar die Dackel malträtiert. Das britische Königshaus Sachsen-Coburg-Gotha mit seinen deutschen Wurzeln rettete sich vor dem Untergang bekanntlich nur dadurch, daß es sich in Windsor umbenannte.

Der Dampfer »Lusitania« ist heute nur noch ferne Erinnerung, den allerwenigsten Briten und Deutschen wird er noch ein Begriff sein. Nach dem Zweiten Weltkrieg wurden die Bande zwischen Deutschland und Großbritannien neu geknüpft. Ich selbst wurde von den zahlreichen englischen Freunden meines Vaters mit offenen Armen aufgenommen – und als sie erfuhren, daß ich die deutsche Staatsbürgerschaft angenommen hatte, hat mir dies keiner von ihnen übelgenommen, allenfalls wurde die Nachricht mit einem süffisanten Lächeln quittiert.

Auch die politische Führung kannte inzwischen offenkundig keine Ressentiments mehr. Keinem Politiker – ob Tory, ob Labour oder Liberaler – wäre es auch nur im Traum eingefallen, Churchills berüchtigtes Wort von den an der Kehle sitzenden Hunnen zu zitieren. Da zog im Mai 1979 die resolute Margaret Thatcher in Downing Street No. 10 ein. Es dauerte nicht lange, bis unter Journalisten und Parlamentariern gemunkelt wurde, daß die Premierministerin kein Freund der Deutschen sei. Nach einem Staatsbesuch in Deutschland, bei dem Bundeskanzler Helmut Kohl seinen britischen Gast in seiner pfälzischen Heimat mit Kartoffelsuppe und Saumagen bewirtete, soll Margaret Thatcher auf dem Heimflug geseufzt haben: »My God, that man is so German!« Mit öffentlichen Äußerungen hielt sich die Premierministerin geflissentlich zurück, im privaten Kreis aber nahm sie kein Blatt vor den Mund. Wie groß ihre Vorbehalte gegen die Deutschen tatsächlich waren, davon konnte ich mich Mitte der achtziger Jahre persönlich überzeugen.

Seit vielen Jahren schon hatte ich mich um eine Audienz bei der britischen Premierministerin bemüht, um die britische Regierung um Unterstützung für die Freilassung meiner inhaftierten Familie und den Tausenden politischen Gefangenen in meinem Land zu bitten. Ein englischer Freund meines Vaters, Lord Julian Amery, der viele Jahre Mitglied des britischen Unterhauses war und darüber hinaus Vorsitzender des Horn of Africa Council, war mir dabei behilflich, den Kontakt zu knüpfen. Zu einer offiziellen Audienz in Downing Street ist es nicht gekommen, aber ich erhielt die Einladung zu einem privaten Diner, das Lord Amery zu Ehren von Margaret Thatcher in seinem Haus am Eaton Square gab. Zu dem illustren kleinen Kreis, den er um sich versammelt hatte, gehörten Hugh Astor aus der bekannten Verlegerdynastie und seine Frau, Sir Hugh Fraser, langjähriges Mitglied des Unterhauses und Freund meines Vaters, sowie Colonel Billy McLean, der den britischen Truppen angehörte, die im Jahre 1941 Äthiopien von der italienischen Besatzung befreiten. Mrs Thatcher war mit ihrem Ehemann Denis gekommen, den sie wie stets in aller Öffentlichkeit mit demonstrativer Herablassung behandelte. Als er dabei war, sich den dritten Gin Tonic einzuschenken, quittierte sie dies mit den Worten: »Don't you think that is enough, Denis?« Und Denis folgte aufs Wort, den ganzen Abend über rührte er keinen Tropfen Alkohol mehr an.

Auch sonst behielt die Eiserne Lady bei dieser Zusammenkunft das Heft in der Hand. Fast fühlte man sich so, als sei man in Buckingham Palace zu Gast. Niemand wagte, von sich aus ein Thema anzuschneiden, man wartete artig, bis man angesprochen wurde. Über dem Essen lag eine wohlig herabgedimmte royale Atmosphäre, die die Premierministerin mit resoluter Freundlichkeit ausfüllte. Beim Kaffee erhielt ich Gelegenheit, mein Anliegen vorzutragen. Nachdem sich das Gespräch eine Weile um Äthiopien gedreht hatte, wechselte die Premierministerin plötzlich das Thema.

»I hear you've been living in Germany for many years. How do you get along with these Germans?« Kaum merklich hob sich ihre rechte Augenbraue.

Ich entgegnete ihr, daß ich ein großer Verehrer der Deutschen und der deutschen Kultur sei.

»Oh really?« Sie schätze Mendelssohn-Bartholdy sehr.

Es trat eine Pause ein, offenkundig gab es zur deutschen Kultur nichts weiter zu sagen. Dann fragte sie mich: »Have you ever met a very nice German called Sir Ralf Dahrendorf?«

Ich nickte. Wer wußte nicht um Sir Ralf und seine Verdienste in bezug auf das deutsch-britische Verhältnis? Ein paar Jahre zuvor hatte Queen Elizabeth ihn in den Adelsstand erhoben.

»A very cultured man. Very unlike most Germans.«

Ich wollte noch erwähnen, daß ich eine ganze Reihe von äußerst kultivierten Menschen in Deutschland kennengelernt hätte, aber sie gab mir sehr diplomatisch zu verstehen, daß das Thema für sie erschöpft sei.

Ich habe lange darüber gerätselt, warum Margaret Thatcher den Deutschen gegenüber derart feindselig eingestellt war. Hing es damit zusammen, daß sie ein Kind des Krieges war? Was lange Zeit unter der Oberfläche schwelte, kam in den Jahren 1989 und 1990 zum Ausbruch. Mit allen Kräften versuchte die Premierministerin, die Wiedervereinigung Deutschlands zu verhindern. Aber sie vermochte es bekanntlich nicht, den Lauf der Geschichte aufzuhalten. In ihren Memoiren, die sie 1993 veröffentlichte, zog sie ein bitteres Fazit: »Wenn es einen Fall gibt, in dem eine von mir verfolgte Außenpolitik unzweideutig gescheitert ist, dann war es meine Politik bezüglich der deutschen Wiedervereinigung.«

Im März 1990 lud Margaret Thatcher eine Reihe renommierter Historiker auf ihren Landsitz in Chequers ein – eine Zusammenkunft, die eine gewisse Berühmtheit erlangen sollte. Zu den Gästen gehörten neben den Briten Timothy Garton Ash und Hugh Trevor Roper auch der amerikanische Deutschland-Experte Gordon Craig und Fritz Stern, den die Nationalsozialisten einst aus Deutschland vertrieben und der schließlich die amerikanische Staatsbürgerschaft angenommen hatte. Das Thema der Zusammenkunft sollte Deutschland und die aus der deutschen Geschichte zu ziehenden Schlüsse sein; hierzu hatten die eingeladenen Historiker einen Fragenkatalog erhalten. »Was lehrt uns die Geschichte über den Charakter und das Verhalten der Deutschen in Europa? Gibt es bleibende Nationaleigenschaften? Haben die Deutschen sich in den letzten 40 (oder 80 oder 150) Jahren geändert?« Zu diesen Punkten wollte die Premierministerin die versammelten Historiker befragen. Fritz Stern hat in seinen Erinnerungen über den denkwürdigen Ablauf der Zusammenkunft geschrieben. Keiner der befragten Experten glaubte, daß die deutsche Vergangenheit für die gegenwärtige Situation von besonderer Relevanz sei. Sie alle waren überzeugt davon, daß sich die Deutschen grundlegend gewandelt hätten und von einem wiedervereinten Deutschland keine Gefahr zu befürchten sei. Und sie alle zeigten sich überrascht, wie tief die Abneigung der britischen Premierministerin gegen die Deutschen saß. Keines ihrer Argumente war dazu geeignet, das Mißtrauen der Eisernen Lady zu erschüttern.

Fritz Stern erzählt davon, wie er in der Teepause die Gelegenheit zu einem Vier-Augen-Gespräch mit der Premierministerin ergriff: »Ich sagte, wenn das, was sie offenbar über die Deutschen dachte, wirklich ihre Ansicht sei, dann würde sie wohl versuchen, etwas von der alten Entente cordiale zwischen Frankreich und Britannien wiederzubeleben. Sie zog gehörig über die Franzosen her, mit denen nichts anzufangen sei, und flocht noch eine Bemerkung über die Italiener ein, die leichtsinnig und unzuverlässig seien, um dann hinzuzusetzen: ›Die einzigen, denen man vertrauen kann, sind die Holländer.‹ Ich sagte vorsichtig: ›Frau Premierminister, das könnte nicht ganz ausreichen.‹«

Ich muß zugeben: Als ich diese Zeilen von Fritz Stern las, machte sich bei mir eine gewisse Erleichterung breit. Margaret Thatcher hatte anscheinend gar nichts gegen die Deutschen im speziellen – sie kultivierte bloß die bekannte Ansicht, daß die Nationen Kontinentaleuropas gegenüber der britischen von einer gewissen Inferiorität seien. Wenn sie das auch in einer etwas übersteigerten Form tat und dabei die feine Tugend des englischen *understatement* gänzlich vermissen ließ.

Lob der Kartoffel

Zu meinen deutschen Leibspeisen gehört ein scheinbar einfaches Gericht, das aber, soll es gelingen, allerbester Zutaten bedarf: aromatische festkochende Kartoffeln, gutes Öl und Fleischbrühe, die selbstverständlich selbstgemacht sein muß und keinesfalls aus der Dose kommen darf. Die gekochten Kartoffeln werden noch warm geschält und geschnitten, mit einer feingehackten Zwiebel in eine Schüssel gegeben und mit der heißen Brühe übergossen. Man läßt den Salat eine halbe Stunde ziehen und gibt anschließend Öl und ein wenig Essig dazu. Noch lauwarm wird er zusammen mit einem Glas Gutedel serviert: Für mich gibt es kaum etwas Wunderbareres als einen schwäbischen Kartoffelsalat. Und niemand verstand sich auf seine Zubereitung so meisterhaft wie Frau Bauer, die Haushälterin unseres Corpshauses auf dem Tübinger Österberg, die Mittag für Mittag uns Studenten bekochte. Erwartungsvoll glänzten uns die Kartoffeln entgegen, wenn der Salat, garniert mit Schnittlauch und Petersilie, in einer riesigen Porzellanschüssel auf den Tisch kam. »Kartoffelsalat muß schlotzen«, lautete die Devise von Frau Bauer, und das tat er auch stets, wenn man den Löffel in die Schüssel tauchte. Nahezu aussichtslos war das Unterfangen, einen solchen Kartoffelsalat in einem Restaurant serviert zu bekommen; und außerhalb der Grenzen von Schwaben praktisch ausgeschlossen.

Dem Kartoffelsalat haftet heute, ebenso wie der Kartoffel, in der deutschen Küche der Ruf des Spießbürgerlich-Biederen an. Die Deutschen sind, was das Essen betrifft, mit Leib und Seele Internationalisten geworden – wer mag das noch bezweifeln! In den letzten Jahrzehnten haben in vielen Städten die traditionellen Gaststuben internationalen Lokalen Platz gemacht. Den griechischen, jugoslawischen, italienischen und chinesischen Restaurants, die sich in den siebziger und achtziger Jahren in der Bundesrepublik ausbreiteten, folgten indische, mexikanische, thailändische, vietnamesische. Allein in Frankfurt am Main gibt es inzwischen vierzehn äthiopische Restaurants. Die Neugierde, mit der die Deutschen heute auf die Welt blicken, spiegelt sich auch in der schier unüberblickbaren Vielfalt der gastronomischen Szene wieder.

Zu Hause jedoch, am heimischen Herd, scheint mir von diesem Globalisierungsschub wenig zu spüren sein. Gewiß, einige mediterrane Zutaten haben in den letzten Jahrzehnten Einzug in deutsche Küchen gehalten: Balsamico, Olivenöl, Basilikum und Mozzarella. Alles in allem freilich erweist sich die heimische Küche – die in Deutschland eine weitaus größere Rolle spielt als in den meisten benachbarten westlichen und südlichen Ländern – erstaunlich resistent gegen alle Neuerungen. Dort, wo noch zu Hause gekocht wird, wird oft so gekocht, wie man es eben seit Generationen gewohnt ist. Kein Wunder, erhält doch der Mensch seine entscheidenden kulinarischen Prägungen in der Kindheit und Jugendzeit. Mir erging es nicht anders. Und wie es der Zufall wollte, kamen diese Prägungen nicht nur aus äthiopischen Quellen, sondern ebensosehr aus österreichischen und deutschen: Unser Kindermädchen Tante Luise, die aus Preußen stammte und viele Jahre in Wien verbracht hatte, verstand es ebenso meisterhaft, Königsberger Klopse und Rinderroulade zuzubereiten wie Wiener Schnitzel und Palatschinken. Als ich zum Studium nach Tübingen kam, begegneten mir die köstlichen Speisen meiner Kindheit wieder, und zu den ostpreußischen und habsburgischen Einflüssen gesellten sich die der schwäbischen Küche. Ein bekannter deutscher Restaurantkritiker, der meine Autobiographie gelesen hatte (nennen wir ihn der Einfachheit halber Herrn S.), fragte mich einmal skeptisch: »Bei aller Liebe zu Deutschland – aber am Essen wird es wohl kaum gelegen haben, daß Sie in Deutschland geblieben sind?!« Meine Antwort kam wie aus der Pistole geschossen: »Aber gewiß doch!«

Und wenn ich ein Nahrungsmittel nennen sollte, mit dem sich, pars pro toto, der Reichtum der deutschen Küche umfassend beschreiben ließe, so wäre es die Kartoffel. Gewiß, in vielen Ländern wird die Kartoffel geschätzt und gegessen, in Frankreich ist sie als Gratin, Pommes Allumettes und Pommes Duchesse sogar Bestandteil der Haute Cuisine, aber in wenigen Ländern scheint sie so sehr mit der traditionellen Küche des Volkes verbunden zu sein wie in Deutschland. Zur deutschen Hausmannskost gehört sie – als Pell- und Bratkartoffel, Kartoffelbrei, -salat oder -suppe, als Reibekuchen oder Kartoffelkloß – wie das Brot zum Frühstück. Mehr noch: Die deutsche Liebe zur Kartoffel reicht, so scheint es mir, über das Kulinarische hinaus bis in die Sphäre des Mythisch-Philosophischen.

Als ich vor einigen Jahren wieder einmal in der Stadt Potsdam zu Gast war, zog es mich nach Sanssouci. Wie ich vor dem Grab des preußischen Königs stand, erschien neben mir ein altes, auf einen Stock gestütztes Mütterlein, mit einer Stofftasche in der Hand. Sie beugte sich zu ihrer Tasche herab, nahm eine Handvoll Kartoffeln heraus und legte sie auf den Grabstein. Auf meine Frage, was es damit auf sich habe, erzählte sie mir, daß sie damit Friedrich dem Großen ihre Reverenz erweise. Mögen auch britische Seefahrer die Kartoffel von Südamerika nach Europa gebracht haben: Friedrich der Zweite sei es gewesen, der den Anbau der Kartoffel zu seinem Anliegen gemacht und dieser zu ihrem Siegeszug zunächst über Preußen und schließlich über ganz Deutschland verholfen habe.

Dafür habe es diplomatischen Fingerspitzengefühls bedurft, erzählte mir das Mütterlein am Grab. Die preußischen Gutsherren und Bauern hätten sich von der fremden Frucht zunächst wenig angetan gezeigt – ungeachtet der königlichen Edikte und Zirkularbriefe an Land- und Steuerräte, Magistrate und Beamte, wie die Saat und Pflanzung der Knollen zu handhaben sei. Der Volksmund nannte sie »Teufelsfrucht«, und wer sie probieren wollte und auf dem Felde in sie biß, mußte feststellen, daß sie im rohen Zustand ungenießbar war. Also ging Friedrich II. mit eigenem Beispiel voran. Auf seinen Reisen durch die Lande verzehrte der preußische König nun öffentlich Kartoffeln. Der Berliner Kaufmann Gotzkowsky machte es sich zur Aufgabe, seinen König bei seinem Feldzug zu unterstützen, und ließ seinen Weihnachtsbaum statt mit Kugeln und Lichtern mit vergoldeten Kartoffeln behängen. Aber erst als Friedrich der Große auf die Idee gekommen sei, die preußischen Kartoffelfelder durch Soldaten streng bewachen zu lassen – so berichtete mir es die alte Dame –, habe die Kartoffelpolitik endlich Früchte getragen. Was von Wachen geschützt wurde, weckte allgemeines Interesse. Es dauerte nicht lange, bis die Kartoffel im märkischen Sand wuchs und gedieh und überall auf den Tisch kam. Und von nun an gehörten die großen Hungersnöte in Deutschland der Vergangenheit an.

Es erschien mir rührend, daß man des preußischen Königs fast zweihundertvierzig Jahre nach seinem Tod auf diese Weise gedachte – und eben nicht dem preußischen Kriegsherrn und gewieften Strategen huldigte, sondern dem klugen Verwalter, der die Landwirtschaft als erste aller Künste verstand und höchstpersönlich für die Ernährung seines Volkes Sorge trug. Sie habe Zeiten erlebt, erzählte mir die alte Frau, da seien über Monate hinweg auch für sie Kartoffeln die einzige Nahrung gewesen, in den letzten Jahren des Zweiten Weltkriegs und noch einige Jahre danach. Im schlimmen Winter 1944/45 habe sie für ein Kilo Kartoffeln ihren Ehering versetzt. Und noch in den fünfziger Jahren habe sie sich bei klirrender Kälte manches Mal eine heiße Kartoffel in den Muff gepackt, die Wärme der Knolle halte stundenlang vor.

In Schwaben nennt man sie Grombiera, im Fränkischen Bodaggn oder Ebbiera, im Saarland Grumbiere, im Plattdeutschen Pipper oder Tüffel und in Ostpreußen Bulwe, und in der Uckermark Nudel, abgeleitet vom Lateinischen *nodulus*. Die Kartoffel ist ein wahrhaft demokratisches Nahrungsmittel, sie kennt keine Klassen und Schichten. Im bäuerlichen Milieu wird sie ebenso geschätzt wie im bürgerlichen. *Kartoffeln mit Stippe* hat die Gräfin von Bredow ihre Erinnerungen an ihre Kindheit im elterlichen Gutshaus in der märkischen Heide genannt. In manchen Gemeinden Deutschlands gibt es noch den herbstlichen Brauch, die Kartoffelernte mit einem Kartoffelfeuer zu beschließen. Das zusammengetragene Kartoffelkraut wird auf dem Feld verbrannt, in die Glut werden Kartoffeln geworfen und anschließend am Feuer gemeinsam verspeist.

Von Berufsköchen und Gourmetexperten dagegen wird die Kartoffel als »Sättigungsbeilage« geschmäht, und so hielt es auch der erwähnte Restaurantkritiker Herr S., dem ich meine Vorliebe für den schwäbischen Kartoffelsalat gestand. Die deutsche Küche, gab er zu bedenken, sei niemals etwas anderes gewesen als eine Mangelküche, der Gedanke an Raffinement und Verfeinerung sei ihr von jeher fremd. Eine solche Einschätzung kann wohl nur dort Verbreitung finden, wo die kollektive Erinnerung, Hunger gelitten zu haben, in graue Vorzeit zurückreicht. Was soll an dem Gedanken verwerflich sein, daß eine Mahlzeit auch der Sättigung dient? Fast alle Küchen der Welt kannten und kennen den Mangel und behalfen sich damit, nahrhafte Gerichte mit preiswerten Zutaten zu entwickeln – egal, ob es sich dabei um Kartoffeln, Reis oder Polenta handelt.

Gewiß, die Deutschen haben, anders als die Franzosen, das Kochen niemals als hohe Kunst betrachtet und ihre Köche niemals mit ihren Malern, Poeten und Generälen auf eine Stufe gestellt – mag es auch noch so viele Fernsehköche in Deutschland geben, die der Fehleinschätzung erlegen sind, sie hätten diese Stufe längst erreicht. Man pflegt hierzulande seine Abneigung gegen »französische« Schnecken, Froschschenkel und Gänsestopfleber. Mancher Franzose wiederum mag den Kopf darüber schütteln, wenn er bei seinem ersten Deutschlandbesuch feststellen muß, daß die Tradition eines mehrgängigen Mittagessens zumindest an Werktagen hierzulande nahezu unbekannt ist und man sich statt dessen in der Mittagspause notdürftig an der Imbißbude versorgt. Der Journalist Nils Minkmar schildert in einem Essay ein Erlebnis mit seinem französischen Großvater, der ihn in Saarbrücken besuchte. Mit großen Augen beobachtete dieser, wie einem Mann in einem Café zur Weißweinschorle ein Maiskolben serviert wurde. Er hielt es für unfaßbar, daß ein Mann, der mitten im Leben stand, sich in einem deutschen Lokal mit sichtbarem Genuß daran machte, öffentlich Viehfutter zu verspeisen. In Frankfurter Äppelwoi-Kneipen kann man erleben, wie französische Gäste mißtrauisch ihren Teller beäugen, auf dem ihnen »Handkäs mit Musik« gereicht wurde. Meist stochern sie eine Weile mit der Gabel in dem glasig durchgegorenen kleinen Käse mit Zwiebeln und Vinaigrette herum, von dem ein durchdringender Geruch ausgeht, bevor sie es wagen, ein Stückchen zu probieren.

Bis in die siebziger Jahre des letzten Jahrhunderts hinein war es in Deutschland weitverbreitet, daß der berufstätige Mann mittags nach Hause kam, wo die Frau des Hauses mit dem Essen auf ihn wartete. Die Zeiten haben sich bekanntlich geändert. Daß das Mittagessen in Deutschland, anders als etwa in Frankreich und Italien, heute ein eher stiefmütterliches Dasein fristet, ist aber keineswegs nur den Erfordernissen des modernen Arbeitslebens geschuldet (und wohl auch nicht in erster Linie der bedauernswerten Qualität vieler Betriebskantinen). Viele Jahrhunderte lang bestand ein typisches deutsches Mittagessen aus nichts anderem als Eintopf, nur am Sonntag kam Fleisch auf den Tisch. Die Tradition, daß sich die gesamte Familie – von den Großeltern bis zu den Enkelkindern – sonntags am Mittagstisch zusammenfindet, um miteinander zu speisen, ist freilich, soweit ich dies zu beurteilen vermag, auch heute noch vielerorts anzutreffen – zumindest dort, wo Familien noch generationenübergreifend an einem Ort zusammenleben. Dort, wo der Sonntag seinen Rang nicht verloren hat, lebt auch die Tradition des deutschen Sonntagsbratens fort, mag es auch heute immer öfter vorkommen, daß ihn nicht mehr die Dame des Hauses, sondern der Herr zubereitet.

Wer den Stellenwert des Mittagessens in Deutschland beklagt, sollte ruhig einmal nach links und rechts blicken, stehen die anderen Mahlzeiten des Tages doch dafür um so höher im Kurs. Das deutsche Sprichwort »Frühstücken wie ein Kaiser, Mittagessen wie ein Fürst, Abendessen wie ein Bettelmann« stimmt nur zum Teil. Nicht nur das Frühstück, auch das Abendessen fällt in vielen Regionen Deutschlands üppig aus. Im Süden der Republik sorgen dafür schon die unzähligen Wurstsorten und Räucherwaren, die dazu serviert werden. Daß in Deutschland das Brot ein nicht unwesentlicher Bestandteil der letzten Mahlzeit des Tages ist, geht schon aus dem Namen hervor: »Abendbrot« heißt es vielerorts oder auch »Brotzeit« und »Vesper«. Und mit wie vielen liebevollen, von Ort zu Ort wechselnden Bezeichnungen wird im Deutschen noch des letzten Rests Brot, des harten Endstücks gedacht! Man nennt es Timpken, Griebsch oder Mürgel, Aheuer, Scherzerl oder Gigele, Gnetzla, Knust, Krüstchen oder Knorzen, Knäusperle, Riebele oder Ränftel, auch die Bezeichnung »Ärschel« ist mir schon untergekommen.

Als Goethes Werther zum ersten Mal den Amtmann von Wahlheim besucht, trifft er im Vorsaal auf die schöne Tochter des Hauses in einem weißen Kleid mit blaßrosa Schleifen und einem Laib Brot im Arm. Um sie herum springen die kleinen Geschwister und strecken die Ärmchen in die Höhe, während die junge Frau ihnen vom Brotlaib das Vesperbrot abschneidet. Wäre ich an Werthers Stelle gewesen, gewiß hätte ich mich ebenso Hals über Kopf in das anmutige Geschöpf verliebt.

Hat jemals irgendein Mensch gezählt, wie viele Sorten Brot es in Deutschland gibt? Und wie viele Sorten Brötchen, die zum Frühstück gereicht werden? Noch im jämmerlichsten Hotel mit Sperrholzbetten und durchgelegenen Matratzen darf man sich mit der guten Gewißheit zur Ruhe begeben, daß einen am nächsten Morgen ein anständiges Frühstück erwartet (ich rede nicht von der um sich greifenden Unsitte des Brunchens, die an gar keine Tageszeit mehr geknüpft zu sein scheint): eine Tasse Kaffee, zwei Brötchen, Butter, Marmelade und Honig, eine Scheibe Käse und eine Scheibe Salami und dazu ein hart- und ein weichgekochtes Ei.

Frühstück und Abendbrot: Es sind diese beiden den Tag umrahmenden Mahlzeiten, eingenommen an einem schön gedeckten Tisch im Kreis von Freunden und der Familie, die für mich den Inbegriff deutscher Eßkultur darstellen – und mir die religiöse Wurzel der gemeinsam eingenommenen Mahlzeit in Erinnerung rufen: das heilige Abendmahl, ein Sinnbild des ewigen Lebens.

Wer von der deutschen Küche und ihren Besonderheiten spricht, kommt nicht umhin, der Frage nachzugehen, ob sich die Küche in den protestantischen Gebieten von der in katholischen Gegenden unterscheidet. Gibt es, wie es der überaus kundige Verfasser einer *Kulturgeschichte der deutschen Küche*, Peter Peter, pointiert formulierte, ein religiöses »Schisma auch in der Küche«?

Zweifel sind angebracht. Es dürfte zutreffen, daß man im Süden Deutschlands, in Regionen wie Bayern und Baden, wo der katholisch-sinnenfrohe Wind Frankreichs, Italiens und der Habsburger ins Land wehte, immer ein wenig raffinierter gekocht und besser gegessen hat als in vielen nördlichen Regionen. Aber aß man im Norden mit weniger Genuß? Der norddeutsche Protestantismus hat die kulinarische Selbstbescheidung propagiert, aber kann man ernstlich behaupten, er hätte damit viel Erfolg gehabt? Luther war bekanntlich kein Lutheraner, sondern ein sinnenfroher Lebemann, der nach der Devise lebte: »Ich eß, was ich mag, ich sterb, wann Gott will.« Dem eisernen Kanzler Otto von Bismarck war seine Liebe zum Essen anzusehen, zweihundert Pfund brachte er zu seinen Hochzeiten auf die Waage. »Gegessen wird hier, daß die Wände krachen«, davon konnten sich die Besucher auf Schloß Friedrichsruh mit eigenen Augen überzeugen. Sechzehn Eier vermochte der Reichskanzler zum Frühstück zu verzehren; zum Abendessen ließ er sich Aal, kaltes Fleisch, Krevetten, Hummer, Rauchfleisch, rohen Schinken, warmen Braten und eine Mehlspeise servieren, und alles zusammen wurde mit mehreren Flaschen Wein und Champagner heruntergespült.

»Ich bin nicht für halbe Portionen«, bekannte auch Theodor Fontane, in dessen Romanen das Essen und Trinken ein schier unerschöpfliches Thema ist. In *Vor dem Sturm* etwa wird ein »echtes Berliner Essen« aufgetischt, bestehend aus einer Sülze und Mohnpielen mit einer dicken Lage gestoßenem Zimt, und dazu einem Heringssalat mit Zwiebeln, Pfeffergurken und sauren Kirschen. In den norddeutschen Hansestädten wiederum hat sich mit dem prosperierenden Handel eine reichhaltige Küche entwickelt. Am Tisch der Konsulin Buddenbrook konnte man sich, wie es Thomas Mann formulierte, eines »nahrhaften Bissens gewärtig sein«. Auf Meißener Tellern mit Goldrand wird hier ein »kolossaler, ziegelroter panierter Schinken« mit brauner, säuerlicher Schalottensauce gereicht, dazu Russischer Topf, »ein prickelnd und spirituös schmeckendes Gemisch konservierter Früchte«, und zum Nachtisch zwei große Schüsseln »Plettenpudding« aus Biskuits, Makronen, Himbeeren und Eiercreme. Man saß dabei auf hochlehnigen schweren Stühlen, speiste mit schwerem Silbergerät und trank dazu schwere, gute Weine. Was aber fünfhundert Jahre Reformation nicht vermochten, den Menschen die Freude am Essen zu nehmen, wird hoffentlich auch nicht dem rasant um sich greifenden Schlankheits- und Gesundheitswahn gelingen. Bedauernswert, wer Essen statt nach Geschmack nur noch nach Kalorien beurteilen und wer bei Tisch nur noch an Cholesterin und versteckte Fette denken kann.

Mir wurde im Jahr 2007 die Ehre zuteil, bei einem unvergeßlichen norddeutschen Festmahl dabeizusein, wie es in Deutschland heute wohl einmalig ist: der alljährlich stattfindenden Bremer Schaffermahlzeit. Jedes Jahr am zweiten Freitag im Februar laden die Kaufmännischen Schaffer ins prachtvolle Bremer Rathaus, die Tradition reicht fast fünfhundert Jahre zurück. Die Gesellschaft setzt sich aus hundert kaufmännischen und hundert seemännischen Mitgliedern zusammen, dazu kommen hundert geladene auswärtige Gäste, zu denen in jenem Jahr auch ich gehörte. Wie groß die Ehre ist, mag man daran ermessen, daß man nur ein einziges Mal in seinem Leben als Gast geladen wird.

Die Kapitänsschaffer tragen bei dieser Gelegenheit ihre Kapitäns-
uniformen, alle anderen Frack – es handelt sich um eine der wenigen Festveranstaltungen in Deutschland, bei denen noch Frack-
zwang herrscht. Die Gäste sind von den kaufmännischen Schaffern
dadurch zu unterscheiden, daß sie statt der schwarzen eine weiße
Weste tragen und dazu auch eine weiße Schleife. Und wie halten
es die Damen? Sie sind, zum Leidwesen mancher, von dieser Zeremonie traditionell ausgeschlossen. Erst zweimal in der Geschichte
der Schaffermahlzeit wurde von diesem strikten Grundsatz abge-
wichen. Im Jahr 2004 war es eine Kapitänin, die ex officio zwischen ihren Mit-Kapitänen Platz nahm; und in ebenjenem Jahr
meiner Teilnahme, auf der 463. Schaffermahlzeit, war erstmals eine
Frau als Ehrengast geladen: die deutsche Bundeskanzlerin, die im
schwarzen Kostüm mit weißumrandeter Schärpe ihre Aufwartung
machte.

Das Festmahl selbst zieht sich über viele Stunden hin und folgt
strengen uralten Regeln. Beim Öffnen der Türen betritt man den
Saal musikalisch begleitet vom »Einzug der Gäste« aus Wagners
Tannhäuser. Wie auf hoher See sitzt man an den Tischen eng bei-
einander, über den Köpfen der Gesellschaft schweben vier hochge-
takelte Segelschiffmodelle. Und wie es auf See Sitte ist, liegt nur ein
Satz Besteck auf, das zwischen den Gängen mit bereitliegenden Tü-
chern abgewischt wird, mit Salz und Pfeffer bedient man sich aus
gerollten Papiertüten. Die Menüfolge, bestehend aus sechs Gängen,
die durch mehrere Reden und das Singen der Nationalhymne unterbrochen werden, ist seit hundertfünfzig Jahren verbrieft: Bremer
Hühnersuppe; Stockfisch mit Senfsauce und Salzkartoffeln; Seefahrtsbier; Grünkohl mit Pinkel (die berühmte geräucherte Grütz-
wurst) und Bratkartoffeln; Kalbsbraten mit Selleriesalat und Pflau-
men; Rigaer Butt, Zunge, Wurst und Chester-Käse. Zum Abschluß
wird Mokka gereicht, und man raucht Tabak aus traditionellen
langrohrigen Tonpfeifen. »Daß es so etwas noch gibt in Deutschland«, lautet einer der Trinksprüche, die während des Essens von

den Schaffern ausgegeben werden – als seien sie selbst ein wenig verwundert darüber, daß sich eine solche Tradition fast ein halbes Jahrtausend behaupten kann. Und wenn ich, der ich das Glück hatte, einmal daran teilhaben zu können, heute an diesen Tag zurückdenke, kommt mir ebendieser Trinkspruch in den Sinn: Daß es so etwas noch gibt in Deutschland …

Die Kartoffel, als Salzkartoffel zum Stockfisch und als Bratkartoffel zum Grünkohl, ist übrigens seit 1862 fester Bestandteil des Menüs der Schaffermahlzeit. Seiner vielen Gänge zum Trotz haftet diesem Mahl nicht die Spur von Zügellosigkeit an, es atmet den Geist hanseatischen Kaufmannsstolzes.

Darf man Bremer Grünkohl mit Pinkel überhaupt zur deutschen Küche rechnen?, fragte mich der Restaurantkritiker Herr S., dem ich erzählte, wie sehr mich die Schaffermahlzeit beeindruckt hatte. Er hing jenen Experten der deutschen Küche an, die rundweg bestreiten, daß es überhaupt jemals eine deutsche Küche gegeben habe. Die berühmte Frankfurter »Grie Soß«, für die mindestens sieben verschiedene frische Kräuter benötigt werden, sei in Wahrheit erst im neunzehnten Jahrhundert in Abwandlung eines französischen Rezepts an den Main gelangt. Die Hugenotten seien es gewesen, die zum ersten Mal in Berlin ein Kotelett in einer Pfanne gebraten hätten – und ganz allgemein hätte ohne den hugenottischen Einfluß die preußische Küche kulinarisch kaum mehr zu bieten als Pommes rot-weiß. In bayerischen Kochbüchern vor 1850 wiederum suche man das Rezept für Schweinsbraten mit Knödeln vergeblich. Solche Diskussionen erscheinen mir reichlich akademisch. Ich halte mich lieber an die Faustregel von Tante Luise. Bei ihr kämen nur Gerichte auf den Tisch, ließ sie uns wissen, die schon ihr Vater von seiner Mutter vorgesetzt bekam. Und wenn es auch wenige typische deutsche Gerichte geben mag, die in Wien und München ebenso verwurzelt sind wie in Köln, Leipzig und Berlin, so empfinde ich dies nicht als Manko, ganz im Gegenteil: So wie sich Deutschland aus seinen verschiedenen Ländern, Regionen und Volksgruppen zu einem lebendigen Ganzen zusammenfügt, lebt die deutsche Küche in den Küchen der verschiedenen Regionen mit ihren Besonderheiten.

Und diese Besonderheiten wollen gepflegt werden! Der »Weißwurstäquator«, der das Stammesgebiet der Bajuwaren vom preußischen Deutschland trennt, ist in den Augen der Bayern gemeinhin der Main; in den Augen der Altbayern freilich die Donau, das nördlich von ihr gelegene Franken ist Bratwurstgebiet. Wenn ich in Deutschland auf Reisen bin, gibt es für mich nichts Schöneres, als in einem grundsoliden regionalen Gasthaus mein Essen einzunehmen: einen Schweinsbraten mit Semmelknödl und Krautsalat in München, Saure Zipfel im Essigsud in Franken, Zwiebelroschtbraten mit Spätzle in Tübingen, Rheinischen Sauerbraten mit Apfelmus in Köln, Grünkohl mit Pinkel in Bremen, Gebackenen Spickaal in Rostock. Und in meiner Heimat in Frankfurt am Main rangiert bei mir an oberster Stelle Ochsenbrust mit Pellkartoffeln und Grüner Sauce – mögen mir auch noch so viele Experten einzureden versuchen, die Frankfurter hätten ihre »Grie Soß« aus Frankreich importiert. Die Gerichte in diesen Lokalen fallen, deutscher Tradition gemäß, in der Regel eher üppig aus. Wenn es sich nicht um eine Mehlspeise oder ein Fischgericht handelt, kommt neben der Sättigungsbeilage ein ansehnliches Stück Fleisch auf den Teller, frisches Gemüse und Salat eher selten.

Was für jede Küche gilt, gilt auch für die Küche der deutschen Regionen: Dort, wo ein Gericht seine Heimat hat, schmeckt es am besten. Inzwischen scheinen auch die Spitzengastronomen die Reize der deutschen Regionalküche erkannt zu haben und setzen Pastinaken, Schwarzwurzeln und Teltower Rübchen auf ihre Speisekarte. Und da es zu ihrer Aufgabe gehört, sich im Gespräch zu halten, experimentieren sie mit waghalsigen Zusammenstellungen von Altem und Neuem, Nahem und Fernem. Mögen sie es tun. Die regionale Verwurzelung der deutschen Küche wird dafür sorgen, daß wohl auch in zwei Generationen ein bayerischer Schweinsbraten in Soja-

Chili-Sauce und Sushi aus Nordseelachs nicht als Bestandteil der deutschen Küche angesehen werden.

Die Kartoffel hingegen ist auf der ganzen Welt heimisch geworden. Von Südamerika kam sie über England nach Deutschland – und gelangte von Deutschland aus nach Afrika. Der fränkische Botaniker und Forschungsreisende Wilhelm Schimper brachte sie im Jahre 1836 nach Äthiopien. Der Fürst von Tigray ernannte Schimper wenig später zum Statthalter der Provinz Enticcho bei Adua – es ist nicht bezeugt, ob die Kartoffel hierfür den Ausschlag gab. Jedenfalls heiratete der deutsche Botaniker in eine der führenden Adelsfamilien der Provinz ein. Als zur Jahreswende 1861/62 eine preußische Delegation Äthiopien besuchte, konnte sie sich davon überzeugen, daß die Kartoffel in der Region Gondar prächtig gedieh. Heute wird sie in vielen Gegenden Äthiopiens angebaut und erfreut sich in der äthiopischen Küche großer Beliebtheit: traditionell als Kartoffel-Curry zubereitet, aber zunehmend auch, typisch deutsch, als Bratkartoffel.

Auch in den Dichter-Olymp hat die Kartoffel Einzug gehalten. Viele große deutsche Schriftsteller haben die Knolle besungen, im neunzehnten Jahrhundert Heinrich Heine und Goethe, im zwanzigsten Jahrhundert Günter Grass und Uwe Timm. Kurt Tucholsky schrieb, daß bei der Belagerung von Paris im Jahr 1870 deutsche Truppen den feindlichen Vorposten mit Kartoffeln ausgeholfen haben sollen, anschließend habe man sie gemeinsam am Feuer verspeist. Eine der schönsten Elogen auf die Kartoffel stammt von Joachim Ringelnatz, »Abschiedsworte an Pellka«:

»Jetzt schlägt deine schlimmste Stunde, / Du Ungleichrunde, / Du Ausgekochte, du Zeitgeschälte, / Du Vielgequälte, / Du Gipfel meines Entzückens, / Jetzt kommt der Moment des Zerdrückens / Mit der Gabel! – Sei stark!«

Von Pfeffersäcken und Manieren

Bei meinen Lesungen und Vorträgen, die ich gelegentlich auch auf Einladung von Stiftungen und Unternehmen hielt, bin ich des öfteren darauf hingewiesen worden, daß mein Buch *Manieren* eine empfindliche Lücke aufweise, die dringend geschlossen werden müsse. Es fehle nämlich in dem bewußten Buch ein Kapitel zum Thema »Manieren in der Geschäftswelt« – ein Feld, in dem Anstand und Umgangsformen zunehmend zu wünschen übrigließen. Die Damen und Herren, die mich auf dieses Desiderat aufmerksam machten, entstammten übrigens selbst der Geschäftswelt, und stets gehörten sie zu jenen, die selbst die geschliffensten Umgangsformen an den Tag legten. Wie sollte es auch anders sein: Gibt es eine Sphäre des modernen Lebens, in der korrekte Manieren eine größere Rolle spielen als in der Geschäftswelt?

Schon die äußere Erscheinung der Kaufleute und Bankangestellten, der Rechtsanwältinnen und Immobilienmaklerinnen ist weit von der Formlosigkeit entfernt, die beim breiten Publikum beklagt werden mag. Wie prachtvoll sehen sie doch aus! Wie edel ist ihr Schuhwerk, wie leicht sind die Stoffe der Anzüge und Kostüme, von wieviel Zucht und Maß zeugen die eleganten Körper, die längst schon kein Fett mehr ansetzen. Es sind Menschen, bei denen Exzesse jeder Art verpönt sind, die straff und jugendlich bis zur Bahre bleiben, so daß ihr Tod geradezu als etwas Unpassendes, eine Entgleisung erscheint. Englisch, Milanesisch, New Yorkerisch kommen sie daher, alle grauen Federchen eines provinziellen Entennestes haben sie abgestreift. Ihre Parfüms und Rasierwasser duften zart nach etwas Seltenem. Protzigen Schmuck überläßt man den Leuten mit unsicheren Vermögensumständen; nur die Uhren dürfen eine Andeutung von der Kostbarkeit der Zeit vermitteln, die mit ihrer Hilfe gemessen wird.

»Die Politik ist das Schicksal«, sagte Napoleon zu Beginn des neunzehnten Jahrhunderts, als sich aber die Fortentwicklung seiner Devise bereits abzuzeichnen begann. Seit Karl Marx muß es unbestritten heißen:»Die Wirtschaft ist das Schicksal.« Und inzwischen müssen wir sagen, daß die Wirtschaft nicht nur das Schicksal, sondern daß sie *alles* ist: Alles hat sie in sich aufgesogen. Andere als wirtschaftliche Kriterien zur Beurteilung der menschlichen Lebensverhältnisse haben keinerlei Chancen, ernst genommen zu werden.

In der alten Gesellschaft Europas, Afrikas und Asiens rangierten, wie jeder weiß, die Kaufleute ganz unten in der Hierarchie. Mit größtem Amüsement habe ich in meiner Studentenzeit in Tübingen den historischen Ausdruck»Pfeffersack« kennengelernt – es steckt in diesem Wort schon, daß man einen solchen Pfeffersack ohne moralische Skrupel ausräubern darf, weil er das, was er auf seinen Packeseln mit sich führte, auf eine Weise erworben hatte, die dem armen Ritter auf seiner zerfallenden Burg nie richtig verständlich geworden war. Chinesen und Inder dachten nicht viel anders über die Kaufleute: Ihr Geld wurde bewundert, dessen Herkunft aber verachtet.

Man kann sich die Umkehrung der gesellschaftlichen Verhältnisse vor dem Hintergrund der Vergangenheit nicht kraß genug vorstellen: Der Stand des Ökonomen, des Kaufmanns, des Bankiers, des Managers ist raketenartig an den alten Hochgebirgsgipfeln der sozialen Hierarchien vorbeigezischt. Auf einmal stellte er die oberste aller Oberschichten dar. Begabungen, die sich in den historischen Ständen der Priester, Soldaten und Regenten zu entfalten pflegten, schlugen nun den Weg in die Wirtschaft ein und fanden dort zu ihrer typischen Ausprägung: Wir haben Wirtschaftsheerführer, Wirtschaftsimperialisten, Wirtschaftseroberer. Wir kennen den Wirtschaftsführer, der seinen Konzern wie einen Staat regiert, der Außen- und Innenpolitik macht und der seine Einkünfte als Tribute empfindet, die ihm die Welt schuldet. Wir kennen auch den Wirtschaftsphilosophen, den Wirtschaftssinnstifter, Wirtschaftstherapeuten, bei dem Gewinn und Verlust nur noch eine Frage seelischer Gesundheit zu sein scheinen. Und mit dem Eintreten all dieser Begabungen aus einstmals hierarchisch organisierten Ständen in die Wirtschaft, die einstmals vollständig unhierarchisch war und von den alten Oberschichten wegen ihrer Formlosigkeit verspottet wurde, hat sich nun auch der ökonomische Betrieb hierarchisiert. All die erwähnten schönen und straffen Menschen bilden in ihren Banken und Konzernen, denen sie schon am frühen Morgen entgegenstreben, Hierarchien von einer Strenge und Durchgebildetheit, daß man in der egalitären Gesellschaft des einundzwanzigsten Jahrhunderts darüber ins Staunen geraten könnte.

Wer die subtilen Unterschiede zwischen den Gemeinen und den kleinen Edelleuten, den kleinen Edelleuten und den Granden, den Granden und den königlichen Agnaten, wie sie uns auf unschätzbare Weise im Memoirenwerk des Herzogs von Saint-Simon vor Augen geführt werden, heute in der Realität erleben möchte, der begebe sich bitte nicht an einen der verbliebenen Königshöfe, sondern in eine Großbank oder einen Autokonzern. Wenn man nur aus der Entfernung hinsieht, könnte man die Damen und Herren, die sich aus der Tiefgarage in die Aufzüge begeben, für ein gleichförmiges, geradezu uniformes Heer halten, aber dieser Eindruck täuscht. Freilich drücken sich die Rangabzeichen nicht in Troddeln und Quasten, in Federhüten und Kammerherrenschlüsseln aus. Kenner können aber schon in der Tiefgarage mit Präzision sagen, welchen Rang der Parkende in der Firma bekleidet, denn sie wissen, welche Wagenklasse hier dem Vorstand, den A- und B-Direktoren, den Prokuristen und Abteilungsleitern zusteht. Wie viele Fenster hat das Dienstzimmer? Gibt es ein oder womöglich gar zwei Vorzimmer? Hat das Dienstzimmer eine große Grünpflanze oder gehört es schon zur Kategorie des täglich frischen Blumenstraußes? Hält der Aufzug, in dem man sich einem Gewaltigen nähert, in jedem Stockwerk oder saust man mit ihm direkt in den Himmel?

Die Zimmer mögen nicht ganz so schön wie in Versailles sein, aber sie enthalten ebenso deutliche Rangabzeichen.

Und was den Empfang eines Gastes angeht, hat man ein Abstufungssystem entwickelt, das selbst die kommunistischen Funktionäre Chinas, die eingefleischtesten Zeremonialisten, die ich je kennengelernt habe, zur Ehrfurcht nötigen würde. Da gibt es die Abholung durch den Gewaltigen unten in der Halle, die Abholung durch seine Sekretärin unten in der Halle, die Abholung oben am Aufzug, das Unterlassen jeder Art von Abholung, das »unmittelbar in das Dienstzimmer Geleitetwerden«, das Verweilen im Vorzimmer, bis sich die gepolsterte Doppeltür öffnet. Es gibt das »dem Gast Entgegengehen«, das »den Gast Herankommenlassen«, »das um den Schreibtisch Herumkommen«, das »hinter dem Schreibtisch Stehenbleiben«, das »hinter dem Schreibtisch Sitzenbleiben« und so fort. Zwischen Besuchtem und Besuchendem kann die polierte Tropenholztischplatte des Schreibtischs wie ein gefrorener See blitzen, der Besucher kann aber auch aufs kalte Ledersofa genötigt werden.

Jede dieser Nuancen ist aussagekräftig, jede von ihnen läßt den Kenner ahnen, was die Stunde geschlagen hat. Kann man bei solch ausgefeilter Formensprache ernsthaft den Zweifel hegen, es sei schlecht um die Pflege schöner Formen im deutschen Geschäftsleben bestellt? Gibt es mehr Rücksicht und Zartgefühl als in Firmen, die eigens Sekretariate für »Freud und Leid« unterhalten, wie es heißt, um in genau nach Rang abgestuften Anzeigen, Glückwunschbriefen, Ehrenpräsenten et cetera ihre Anteilnahme an den Jubiläen ihrer Angestellten Ausdruck zu verleihen? Es gibt allen Ernstes unschuldige Gemüter, die mit Bitterkeit vermerken, wenn die ihnen zugedachten Rotweinkartons zu Weihnachten nach ihrer Verabschiedung kleiner werden und weniger aufsehenerregende Tropfen enthalten, weil es geglückt war, ihnen das Gefühl zu vermitteln, solche Gaben seien wirklich der Bewunderung ihrer Person geschuldet und nicht einfach der Position, die sie zeitweise einnahmen. Wo solche Mißverständnisse möglich sind, da kann man doch wahrlich nicht von einem Zuwenig, da muß man doch geradezu von einem Zuviel an Taktgefühl und Schonung sprechen.

Überdies scheinen die guten Formen und die geschliffenen Manieren den Damen und den Herren aus der Wirtschaft nicht nur in unbewußter Eleganz von der Hand zu gehen, man scheint in diesen Kreisen, gerade neuerdings wieder ganz bewußt, Wert auf die Beherrschung der Form legen zu wollen. Erstaunliches kann man von Personalberatern hören und in einschlägigen Ratgebern lesen: Nicht nur schöpferische Intelligenz, nicht nur Sinn für Strategie und Taktik, Ausdauer, geringes Schlafbedürfnis, Zahlengedächtnis, starke Nerven und die Fähigkeit, harte Schläge klaglos einzustecken und selber hart zurückzuschlagen, sollen die Voraussetzungen der großen Karriere sein, sondern auch gute Manieren. Das Verblüffende ist für mich: Die Forderungen nach guten Manieren, womöglich gar nach dem Erlernen und Unterrichten von sogenannten guten Manieren, kommt nun aus den Kreisen, deren Desinvolture, deren gelegentlich geradezu hochfahrende Eleganz beim breiten Publikum gefürchtet ist. Was ist mit den Leuten passiert?

Eine große Unsicherheit hat sich im Sicheren, lange Zeit allzu Sicheren ausgebreitet. Im Sog der großen Krise, die im Jahr 2008 ausgehend von den Banken die Wirtschaft weltweit in ihren Grundfesten erschüttert hat, schnurrte diese Sicherheit, die auch eine Sicherheit des Stils war – Mächtige sind sich ihres Stils immer sicher, auch wenn sie dazu eigentlich keinen Grund haben –, zusammen wie ein Ballon, dem man die Luft abgelassen hatte. Ebenso schnell, wie die Börsenkurse in den Abgrund rauschten, sank auch das Ansehen des Standes der Manager und Banker ins Bodenlose: Auf einmal werden sie wieder – wie zu alten Zeiten – als »Pfeffersäcke« angesehen, die mit ihren schwindelerregenden Transaktionen zuerst ihre eigenen Institute und im nächsten Augenblick die Wirtschaft der Welt an den Rand des Abgrunds manövrierten und dabei selbst noch gut verdienten. Und als das rauschende Fest zu Ende gefeiert war und alles in Scherben lag, präsentierten sie ohne mit der Wimper zu zucken der Gesellschaft die astronomische Rechnung. Mit ihrem guten Ruf freilich war es schon länger nicht mehr zum besten bestellt, die Risse im Gebälk waren bereits unübersehbar: Der prominente Bankier, der, angeklagt wegen Untreue, im Gerichtssaal mit einem breiten Lächeln auf dem Gesicht die Finger zum Victory-Zeichen spreizte. Der stets gutmütig dreinblickende Spitzenmanager, der über Jahrzehnte hinweg geradezu als die Verkörperung ehrlich-soliden Wirtschaftens galt und plötzlich von Staatsanwälten vor laufender Kamera aus seinem Haus abgeführt wurde, weil er im dringenden Verdacht stand, beträchtliche Teile seines Vermögens an der Steuer vorbei auf ausländische Nummernkonten umgeleitet zu haben. Die nicht wenigen Manager, die sich, nur um den Aktienkurs ihres Unternehmens zu heben, anschickten, im großen Stil Mitarbeiter zu entlassen, und sich dafür mit reichhaltigen Boni belohnen ließen: All das hat ganz zu Recht Verärgerung und Empörung ausgelöst. »So etwas tut man nicht!« – Dieser Satz von Eberhard von Kuenheim machte schon lange vor jenem September 2008 die Runde, als in den Vereinigten Staaten die Bankhäuser zu taumeln begannen. Wo Kurse und Ansehen zu Tale purzeln, Massenentlassungen anstehen und die Zukunft sich der hochgelehrten Kalkulation auf freche Weise entziehen will, mag auch bei den Geschäftsleuten die Neigung zur Introspektion wachsen. Haben wir etwas falsch gemacht? Vielleicht schon lange? Knöpfen wir vielleicht schon gewohnheitsmäßig den Mantel falsch zu?

Ich liebe eine kleine Stelle aus einem Roman, der ein längst versunkenes Deutschland zeigt, mit einer Kaufmannschaft, die beinahe ebenso legendär geworden ist wie die erwähnten Rittersleute: Thomas Manns *Buddenbrooks*. Meine Lieblingsstelle spielt in der zweiten Generation der großen Familie, die von einer gewissen Empfindsamkeit begleitet wird. Toni, die eine schwärmerisch romantische Auffassung von der Bedeutung ihrer Familie pflegt, läßt sich von ihrem beherrschten Bruder erzählen, wie sein Besuch bei einem adligen Gutsbesitzer abgelaufen ist, dessen Ernte zur Verhandlung stand. Der Aristokrat, bei dem es wirtschaftlich im Grunde nicht mehr so recht lief, hat den reichen Großhandelskaufmann in seinem Arbeitszimmer empfangen. Der Gutsbesitzer saß hinter seinem Schreibtisch, bot dem Senator aber durchaus keinen Stuhl an. Buddenbrook lehnte sich deshalb, wie er seiner Schwester erzählt, lässig an den Schreibtisch und saß wohl auch andeutungsweise mit halber Hinterbacke darauf, als der Gutsbesitzer plötzlich die Situation erkannte und seinen Gast bat, Platz zu nehmen. »Ich sitze bereits«, sagte der Senator. Die Augen seiner Schwester leuchteten beim Bericht dieser Worte voll Stolz! Hat die deutsche Wirtschaft ein Gefühl ergriffen, so frage ich mich, das mit der jähen Einsicht des Thomas Mannschen Gutsbesitzers vergleichbar wäre? Hat das Erlebnis, die Golddukaten aus Händen und Taschen rinnen zu sehen – um in der soliden und doch auch nicht mehr so soliden Buddenbrook-Welt zu bleiben –, zugleich den Verdacht wachsen lassen, man habe sich nicht nur ungeschickt oder unprofessionell, sondern darüber hinaus womöglich auch noch grob und plump betragen – und vielleicht sogar ohne Moral?

Was zur Einsicht führt, soll immer willkommen sein. Fragt sich nur, ob man im Punkt der Manieren zu der richtigen Einsicht gelangt ist. Es kann zwar sein, daß ein gewandtes und geschliffenes Auftreten, die routinierte Demonstration von Liebenswürdigkeit und Rücksicht nicht nur die Herzen von prospektiven Schwiegermüttern, sondern auch die von Personalchefs und Geschäftspartnern zu betören vermögen, aber mir ist die Vorstellung von guten Manieren, die gezielt und kalkuliert zum geschäftlichen Fortkommen eingesetzt werden, zutiefst zuwider. Manieren im Dienst des Ehrgeizes und der Profitmaximierung bieten ein wahrhaft abstoßendes Schauspiel. Dagegen ist die unverstellte Brutalität geradezu ein ästhetisches Labsal. Wer schon einmal Gelegenheit hatte, zu beobachten, mit wieviel Korrektheit und Höflichkeit ein abgefeimtes Mobbing vor sich gehen kann, der wird solchen Manieren eine eigenständige Kraft der Humanität und Menschenliebe kaum mehr zubilligen wollen. Aber auch ganz abgesehen von solchen krassen Mißbräuchen will sich, so scheint mir, das Wesen der Manieren nicht mit einem zweckgerichteten Denken vertragen.

Ich wurde während der Diskussionen um mein Buch *Manieren* einmal auf jene sozio-historischen Analysen hingewiesen, die zu dem Ergebnis geführt hatten, die Manieren seien von der höfischen Welt einst als Ausdruck ihrer Machtausübung und als Sicherung ihres Machtanspruchs entwickelt worden. Ich will dieser These gar nicht widersprechen, aber ich möchte doch daran erinnern, daß die Manieren eine lange Geschichte haben: An ihrem Anfang mag auch krudes Machtinteresse gestanden haben, aber dann verselbständigten sie sich und verloren das vielleicht einmal vorhandene Kalkül so weit aus den Augen, daß sie sogar begannen, sich gegen etwas zu wenden, es zu bekämpfen und auszuschließen. Manieren wurden ein schönes Spiel, eine Fortsetzung des Tanzes gleichsam, das seinen Zweck in sich selbst fand und die Menschen, die sich ihm mitspielend unterwarfen, durch eine Steigerung ihres Lebensgefühls belohnte – darüber hinaus aber nicht nur nichts einbrachte, sondern gelegentlich sogar viel kostete.

Bei einer so elementaren Angelegenheit wie der täglichen Körperpflege wird noch deutlicher, was ich meine: Natürlich hat das Waschen, Rasieren und Kämmen einen sozialen Aspekt, wer wollte ihn leugnen! Aber es gibt womöglich gar nicht so wenige Menschen, denen die Vorstellung, einen Tag ungewaschen verbringen zu müssen, auch wenn sie ihn allein verbringen würden, vollständig unerträglich ist. Soziale Verhaltensweisen vermögen zu einer zweiten Natur zu werden, zum festen Bestandteil der Persönlichkeit. Wer sich einmal daran gewöhnt hat, sich morgens vor dem Spiegel in Form zu bringen, begreift diese Form völlig zu Recht sehr bald schon als etwas ihm Wesentliches, der Person Ureigenes. Bei Manieren, die mehr sein sollen als durchschaubare Taktiken auf dem Weg nach oben, ist das nicht anders. Aber es zweifelt doch gewiß niemand daran, daß ein Instinkt, der einem verrät, wem man schmeicheln muß und wen man verächtlich behandeln darf, dem Aufstieg bei weitem nützlicher sein wird, als eine zweite Natur, die unserer aggressiven ersten Natur Beißhemmungen auferlegt. Wirkliche Manieren setzen den Entschluß voraus, den eigenen Vorteil auch einmal hintanzustellen – das kann nebenbei auch ein Gebot der Klugheit sein, aber nicht immer. Als ich vor Jahren den Fragebogen des Magazins der *Frankfurter Allgemeinen Zeitung* ausfüllen durfte, schrieb ich auf die Frage, welche Eigenschaft ich an Männern schätze: »Sinn für Absurdität«. Dieser Sinn ist mit den Manieren gewiß nicht ganz identisch, aber er hat viel mit ihnen zu tun.

Wenn von der gesellschaftlichen Rolle der Kaufleute in alten und neuen Zeiten die Rede ist und von den verachteten Pfeffersäcken, ist damit nur die halbe Wahrheit gesagt. Gerade in Mittelalter und Renaissance hat es auch Kaufleute von großem, geradezu fürstlichem Stil gegeben, wenn wir nur an Venedig und Florenz denken, an die Hansestädte, an die Fugger und die Welser, an Jacques Cœur, den Financier des Dauphin zur Zeit von Jeanne d'Arc, an die City of London im achtzehnten Jahrhundert oder selbst noch an die letzten Hanseaten, wie sie in den bereits erwähnten *Buddenbrooks* beschrieben werden. Wenn ich mich frage, was diese Kaufleute verband, dann war es die Weise, wie sie ihre politische Macht ausübten: Nicht indirekt durch in der Öffentlichkeit geflissentlich verborgenen Einfluß, sondern direkt als Regenten ihrer Gemeinwesen. »Königliche Kaufleute« entstanden dort, wo Kaufleute Könige oder Senatoren waren. Natürlich waren auch die königlichen Kaufleute auf ihren Vorteil bedacht, aber dieser Vorteil mußte immer mit dem Vorteil des Gemeinwesens verbunden sein, das sie lenkten. Ihrer großen Macht entsprach ihre große Verantwortung, und diese Verantwortung zwang sie, um die Zustimmung der von ihnen Regierten zu werben. Der Stil, den sie entwickelten, entsprach ihrer Beziehung zum Gemeinwohl. Kaufherrliches Patriziat war an die Stadt, die es beherrschte, gebunden. Da war kein »ubi bene ibi patria«, wie ich selbst es als Emigrant zu empfinden gelernt habe.

An diese jahrhundertealte Verpflichtung der Wirtschaft gegenüber dem Gemeinwohl hat die Bundesrepublik Deutschland bei ihrer Gründung in besonderer Weise angeknüpft: Die von der Idee getragene Ordnung, daß sich die Wirtschaft stets dem Sozialen zu verantworten habe, hat der Bundesrepublik einen beispiellosen ökonomischen Höhenflug verschafft. Weltweit wurde und wird das auf Ausgleich und Konsens ausgerichtete deutsche System der sozialen Marktwirtschaft bewundert, das sich gerade in Zeiten der Krise immer wieder aufs neue bewährt: Während in anderen hart von der Rezession geschlagenen Ländern die Arbeitslosenzahlen in die Höhe schnellten, sicherte hier die vom Staat geförderte Kurzarbeit vielen deutschen Arbeitern Lohn und Brot. Mag der sogenannte Rheinische Kapitalismus mit seinen vielfältigen Verflechtungen von Bankhäusern, Unternehmen, Gewerkschaften und Politik auch gelegentlich als klüngelhaft beargwöhnt worden sein: Er stellte doch stets sicher, daß bei allen wirtschaftlichen Fragen die gesellschaftliche Verantwortung nicht aus dem Blickfeld geriet. Ich hatte selbst die Gelegenheit, eine Reihe von herausragenden Unternehmern und Bankiers kennenzulernen, die dieses Modell Deutschland geradezu mustergültig repräsentierten – wie etwa Hermann Josef Abs und Alfred Herrhausen, um nur zwei von ihnen zu nennen. Den Unternehmern wiederum standen Gewerkschaftsführer gegenüber, die zwar bisweilen hemdsärmlig auftreten mochten, sich ihrer Verantwortung aber doch stets ebensosehr bewußt waren.

Lange – für manche Beobachter erstaunlich lange – stand das Haus Deutschland als sicherer Leuchtturm im tosenden Meer des globalen Marktes. In der ersten Dekade des einundzwanzigsten Jahrhunderts aber hielt auch in Deutschlands Unternehmen der Turbo-Kapitalismus seinen Einzug. Die Deutschland AG wurde entflochten, Banken und Versicherungen haben ihre Firmenbeteiligungen veräußert, internationale Investoren und Beteiligungsgesellschaften zunehmend an Einfluß gewonnen. In den deutschen Großunternehmen hat eine neue Riege von Managern die Führung übernommen: Sie sind international geprägt, haben ihre Ausbildung meist in den Vereinigten Staaten absolviert und an den Business Schools von Harvard und Lausanne ihren Schliff erhalten. Sie betrachten das Unternehmen, an dessen Spitze sie stehen, nicht als deutsch, mag es auch den Namen Deutsche Bank, Siemens oder Allianz tragen. Sie richten ihre Geschäftstätigkeit weniger an ihren Mitarbeitern als an ihren Aktionären aus, unter denen internationale Investoren dominieren. Dem Land, in dem sie zufälligerweise tätig sind, fühlen sie sich, wenn überhaupt, nur in geringem Maße verpflichtet. Sie wissen, daß sie in luftigen Höhen und stets auf Abruf agieren, und sie lassen sich dieses Risiko durch üppige Gehälter, Boni und Pensionsansprüche versüßen. Man mag sie als farblos und stromlinienförmig bezeichnen, aber selbstverständlich warten sie mit perfekten Umgangsformen auf. Ich fürchte, die Frage, wie wir zu einer Wirtschaftsordnung zurückfinden, in der die Wirtschaft dem Menschen dient und nicht der Mensch der Wirtschaft, wird nicht auf dem Feld der Manieren zu entscheiden sein. Aber sicherlich wäre schon viel gewonnen, wenn sich die Einsicht durchsetzte, daß Manieren im wahren Sinne des Wortes ohne Moral nicht zu haben sind.

Von einem griechischen Weisen wurde berichtet, der seine Vaterstadt ohne Gepäck, nur mit dem, was er auf dem Leibe trug, verließ und dennoch erklärte, er trage alles, was ihm gehöre, bei sich. Er war bedürfnislos, deshalb unabhängig, und vertraute auf die Kraft seiner Erinnerung und seiner Phantasie. Aber wie viele Nachfolger dieses griechischen Weisen habe ich inzwischen kennenlernen dürfen, die nur mit einem Trenchcoat über dem Arm ins Flugzeug stiegen, das sie zu den Bahamas bringen sollte, und die gleichfalls sagen konnten: »Omnia mea mecum porto« – Ich trage alles Meinige mit mir. Auch sie vertrauten auf ihre Erinnerung, aber auf etwas sehr Konkretes: auf das Paßwort ihres Datenspeichers und die Geheimnummer ihres Kontos. Das Wort des griechischen Weisen hat in heutiger Anwendung gleichsam die philosophische Schule gewechselt. Einst sprach es ein Stoiker, heute ein Zyniker. Wer sich in der Wirtschaft durch die Art seines Geschäfts von seinem Heimatland noch nicht vollständig unabhängig machen konnte, wird allgemein bedauert. Was unsere privaten Vermögen angeht, gilt nur ein einziger Grundsatz: »Sauve qui peut!« Ich bin weit davon entfernt, diese Entwicklung zu tadeln. Man kann der Freiheit, die uns durch diese mühelose Ubiquität geschenkt wird, auch die guten Seiten nicht absprechen. Sie hat geradezu etwas Berauschendes. Nur eines kann man von ihr nicht erwarten: Daß sie einen verbindlichen Stil stiftet, daß sie an die persönliche Ehre appelliert, daß sie Loyalität zur Heimat, zu abhängigen Menschen, zu Familie und – man verzeihe mir dieses altertümliche Wort – »Standesgenossen« hervorbringt und fördert. »Verbindlichkeit« ist ein anderes Wort für Höflichkeit, auch das lateinische Wort »religio« heißt »Bindung«. Es gibt zwar manche, die vollständige Ungebundenheit mit der Bindung – »richtig verbundene Freiheit« heißt das dann – zusammenbringen möchten, aber ich halte das für Rabulistik. Mir ist Freiheit eben das Gegenteil von Bindung.

Stil ist Abzeichen von Gemeinschaft. Wenn das einzige Erkennungsmerkmal einer Gemeinschaft aber die Platin-Plastikkarte ist, dann wird man von ihr Stil, Form, Haltung und Verbindlichkeit als Eigenwert, nicht bloß als Trick zum Weiterkommen, nicht fordern dürfen. Immerhin gibt es da und dort Freunde des echten Luxus – nicht des Platin-Luxus –, die sich auch den Luxus leisten, Anstand und Manieren zu haben – zu ihrem Privatvergnügen und zum Kopfschütteln ihrer Geschäftspartner. Sie mögen in der heutigen Welt absurd erscheinen, aber ihnen gilt meine Bewunderung.

Mein innerer Schweinehund

In den Erinnerungen an seine Berliner Kindheit erzählt Walter Benjamin davon, wie er als Junge in einem Buch auf das Lied vom »Bucklicht Männlein« stieß: »Will ich in mein Stüblein gehn, / Will mein Müslein essen; / Steht ein bucklicht Männlein da, / Hat's schon halber gessen.« Es mußte sich, davon war der kleine Junge überzeugt, um jene Gestalten mit spitzen Mützen handeln, deren schattenhafte Umrisse er beim Spazierengehen durch die Eisengitter der Souterrains wahrnahm. Von nun an sah er sich von dem bucklicht Männlein verfolgt, bei Nacht und bei Tage. Wohin er auch kam, überall spürte er die Anwesenheit jenes schattenhaften Wesens. Niemals hatte er es selbst gesehen, es sah nur immer ihn – ein Blick, der durch Mark und Bein ging. Wahrscheinlich kennen die meisten aus Kindertagen solche unheimlichen Gestalten, die einen in Angst und Schrecken versetzten. Mein bucklicht Männlein trägt den Namen »innerer Schweinehund«.

Es war Tante Luise, mein deutsches Kindermädchen in Addis Abeba, die mich mit ihm bekannt machte, ich muß damals vier oder fünf gewesen sein. Jeden Morgen betrat sie mein Schlafzimmer im ersten Stock der elterlichen Villa in Addis Abeba, um mich zu wecken; und wenn es einmal etwas länger dauerte, bis ich aus dem Bett kam, verlieh sie ihrem Ansinnen Nachdruck mit den Worten: »Steh auf! Überwind deinen inneren Schweinehund!« Ich malte mir aus, was das wohl für ein Wesen sei, das da tief in mir sein Unwesen trieb. Vor meinem inneren Auge erhob sich eine grinsende Bestie mit stechenden Augen, einer rosa Schweineschnauze und hängenden Lefzen, die eine Reihe scharfer glänzend weißer Zähne offenbarten. Und fortan verfolgte mich das Untier in meinen Träumen.

Einige Jahre später begegnete ich ihm wieder an der Deutschen Schule in Addis Abeba. »Ihr müßt euren inneren Schweinehund überwinden!« rief unser Turnlehrer aus, wenn er uns Schüler zögerlich vor Barren und Kasten stehen sah. Und auch aus dem Munde anderer Lehrer, die aus den unterschiedlichsten Regionen Deutschlands stammten, hörten wir diesen Satz. Meine äthiopischen und englischen Mitschüler erfuhren damals zum ersten Mal von der Existenz jenes rätselhaften Tieres in ihrer Brust, für mich war es bereits ein alter Bekannter. Auch wenn es alle befiel und in jedem schlummerte: Es schien sich um ein durch und durch deutsches Wesen zu handeln, zumindest existierte es in keiner anderen Sprache. Als ich später zum Studieren nach Deutschland kam, wurde es zum ständigen Begleiter von uns Füchsen und Burschen im Tübinger Corps-Haus auf dem Österberg. Morgen für Morgen wurden wir um halb sieben geweckt, und wer nicht pünktlich zu Dauerlauf und Paukstunde antrat, dem schallte es entgegen: »Auf, auf, überwindet euren inneren Schweinehund!«

Egal ob in der äthiopischen Hauptstadt oder in der schwäbischen Universitätsstadt: Zum pädagogischen Handgepäck eines ordentlichen deutschen Erziehers gehörte der Appell, den inneren Schweinehund in seine Schranken zu weisen. Gegen Trägheit und Willensschwäche galt es den Kampf aufzunehmen; ließ man in seinem Streben auch nur einen Augenblick nach, drohten jene die Oberhand zu gewinnen. Der Kampf gegen den inneren Schweinehund geht einher mit Mahnungen zur Ernsthaftigkeit und Selbstzucht, zu Ordnungssinn und Pflichterfüllung, jenen Tugenden, die gemeinhin als typisch deutsch angesehen werden. Kann man sich die Existenz eines »inneren Schweinehundes« im Land des *dolce far niente*, in Italien, vorstellen?

Ich interpretierte den Appell, gegen den inneren Schweinehund anzukämpfen, schließlich auf meine Weise – als Aufforderung, sich selbst eine Verfassung zu geben, wie Thomas Mann es formulierte, als eine volkstümliche Variante des kategorischen Imperativs von Immanuel Kant: »Handle so, daß die Maxime deines Willens jederzeit zugleich als Prinzip einer allgemeinen Gesetzgebung gelten könne.« Appelle zur Pflichterfüllung, die nicht an ethische Prinzipien gebunden sind, erscheinen mir heute ebenso schal und unsinnig wie Benimmregeln, die sich nicht aus dem Prinzip der Nächstenliebe ableiten.

Es ist wohl kein Zufall, daß die beiden Erwähnten, Thomas Mann ebenso wie Immanuel Kant, ihren Mitmenschen ein mustergültig geregeltes Leben vor Augen führten, der Königsberger Philosoph vielleicht in noch eindrucksvollerem Maße. In aller Frühe pünktlich um vier Uhr fünfundvierzig hatte ihn sein Diener Lampe zu wecken, und zwar stets mit den gleichen Worten: »Es ist Zeit!« Und Lampe hatte strikten Befehl, unter keinen Umständen nachzugeben, wenn Kant einmal länger zu schlafen wünschte. Schlag fünf Uhr servierte Lampe seinem Herrn eine Tasse Tee und eine Pfeife Tabak, das allmorgendliche Frühstück. Noch im Morgenrock bereitete sich Kant auf die anstehenden Vorlesungen vor, die in der Zeit von sieben bis neun Uhr stattfanden. Danach arbeitete er an seinen Veröffentlichungen, und um zwölf Uhr fünfundvierzig erhob er sich und rief seiner Köchin zu: »Es ist dreiviertel!« Ungeduldig erwartete er das Mittagessen um ein Uhr, seine einzige Mahlzeit. Das Essen, zu dem stets Gäste geladen waren, und die Tischgespräche zogen sich bis vier Uhr nachmittags hin. Exakt zu dieser Stunde verließ Kant sein Haus, um den englischen Kaufmann Joseph Green zu besuchen, der sein engster Freund war. Die Besuchszeit war streng bemessen: Schlag sieben Uhr nahm er bei Green seinen Abschied. »Die Gesellschaft ging so pünktlich um sieben Uhr auseinander«, berichtet ein Königsberger Zeitgenosse, »daß ich öfters die Bewohner der Straße sagen hörte: es könne noch nicht sieben sein, weil der Professor Kant noch nicht vorbeigegangen wäre«. Es folgten zwei Stunden Arbeit an Manuskripten, daran anschließend leichte Lektüre. Eine Viertelstunde vor dem Schlafengehen verbot er sich jeden weiteren Gedanken an Kopfarbeit, und ab zehn Uhr herrschte strikte Bettruhe. Noch das Zubettgehen folgte einem festen, in jahrelanger Gewohnheit eingeübten Ritual. Kant, so berichtet es der mit ihm befreundete Diakonus Wasianski, »setzte sich erst ins Bett, schwang sich mit Leichtigkeit hinein, zog den einen Zipfel der Decke über die eine Schulter unter dem Rücken durch bis zur anderen und durch eine besondere Geschicklichkeit auch den anderen unter sich und dann weiter bis auf den Leib. So emballiert und gleichsam wie ein Kokon eingesponnen, erwartete er den Schlaf.« In einem derart geordneten Leben, wie Kant es führte, wurde der innere Schweinehund an der kürzestmöglichen Leine geführt.

Wer heutzutage mit seinem inneren Schweinehund zu kämpfen hat, wem es – wie es neudeutsch heißt – an Motivation fehlt, kann zu einer Vielzahl von gedruckten Lebenshilfen und Ratgebern greifen: *So zähmen Sie Ihren inneren Schweinehund; Fit mit dem inneren Schweinehund; Abnehmen mit dem inneren Schweinehund; Mit dem inneren Schweinehund durch das Jahr 2010* – so lauten die Titel. In meiner Jugend- und Studentenzeit schien mir der innere Schweinehund bereits erfolgreich gezähmt, wenn man es frühmorgens aus dem Bett geschafft hatte. Manchmal denke ich wehmütig an die Zeiten zurück, als – stets zur gleichen Stunde – auf dem Österberg in aller Frühe der Weckruf ertönte oder pünktlich um dreizehn Uhr die versammelten Aktiven des Corps mit ihren Hörnern auf der Terrasse Aufstellung nahmen und zum Mittagessen bliesen. Heute brauche ich keinen Hornruf mehr und auch keinen Wecker: Ich kann sicher sein, daß ich jeden Morgen um sieben Uhr aufwache, werktags wie sonntags, eine Regelhaftigkeit, die mir in Fleisch und Blut übergegangen ist. Und wer weiß, ob ich dies nicht den Appellen meiner deutschen Erzieher zu verdanken habe.

Eines Tages habe ich mich schließlich auf die Suche nach der Herkunft der Wendung »innerer Schweinehund« begeben. Ich erfuhr, daß das Wort »Schweinehund« aus der Studentensprache kommt und auf die sogenannten Sauhunde zurückgeht, die man einst zur Wildschweinjagd einsetzte. Man kennt sie von zahlreichen Gemälden und Wandteppichen: das Rudel der kostbaren Tiere, die mit breiten Halsbändern und manchmal sogar Panzerhemden ge-

68

schützt, ihre Beute bis zur Erschöpfung hetzen. Von der Studentensprache zog die Wendung zu Beginn des zwanzigsten Jahrhunderts ins Militärische ein und wurde fortan mit soldatischen Tugenden in Verbindung gebracht. Auch auf dem Schlachtfeld galt es nun, den »inneren Schweinehund« zu überwinden – ein Aufruf zur Pflichterfüllung, der sich von jenen ethischen Grundlagen, wie Kant sie einst formulierte, gelöst hatte. Auf dem Schlachtfeld von Verdun verkam der Appell zur Selbstzucht zum Kadavergehorsam.

Am 23. Februar 1932, ein Jahr vor dem Ende der Weimarer Republik, hielt der »innere Schweinehund« Einzug in den Berliner Reichstag. An jenem Tag ergriff der SPD-Abgeordnete Kurt Schumacher – der nach dem Krieg zum Vorsitzenden der Sozialdemokraten und zum Gegenspieler von Bundeskanzler Adenauer werden sollte – das Wort gegen die erstarkenden Nationalsozialisten und hielt eine Rede, für die er später zu Recht gerühmt wurde. »Die ganze nationalsozialistische Agitation«, rief er aus, »ist ein dauernder Appell an den inneren Schweinehund im Menschen. Wenn wir irgend etwas beim Nationalsozialismus anerkennen, dann ist es die Tatsache, daß ihm zum erstenmal in der deutschen Politik die restlose Mobilisierung der menschlichen Dummheit gelungen ist.« Der Rest seiner Rede drohte im allgemeinen Tumult unterzugehen. Kurt Schumacher wurde für diese Worte vom Präsidenten des Reichstags – Paul Löbe, auch er ein Sozialdemokrat – zur Ordnung gerufen. Ein Jahr später, als Hitler die Macht ergriffen hatte, wurden dann beide, der zur Ordnung Rufende und der zur Ordnung Gerufene, von den Nationalsozialisten verhaftet. Paul Löbe verbrachte ein halbes Jahr im Konzentrationslager, Kurt Schumacher mehr als zehn Jahre.

Vor gar nicht langer Zeit, im Jahre 1993, wurden dem inneren Schweinehund eigene Denkmäler errichtet. Im Rahmen einer Europa umspannenden Aktion stellte eine Künstlergruppe in mehreren europäischen Städten Betonskulpturen auf: in lange Mäntel gehüllte menschenähnliche Gestalten, auf deren Schultern ein Schweinekopf ruhte. Über dem weit aufgerissenen Maul ragten zwei lange Hauer aus Bronze hervor. »Mein innerer Schweinehund« waren die Figuren benannt. Sie sahen übrigens weit weniger furchterregend aus als jenes Wesen, das mich in meiner Kindheit im Traum verfolgt hatte.

Eines der Exemplare erwarb die Stadt Bonn und stellte es auf, es ist noch heute zu sehen. Im Sockel der Skulptur findet sich eine Messingplatte mit einer erklärenden Inschrift: »Art: Tier mit Instinkten niedrigster Art. Unterschlupf: In dir und in mir, das heißt in jedem einzelnen Individuum des Homo sapiens. Wachstumsbedingungen: Wächst sich groß, wenn Menschen Opfer der Gewalt, der Erniedrigung und respektlosen Verfahrens werden.« Und darunter in Großbuchstaben: »Darf nicht gefüttert werden.«

Von Fegefeuer nach Jena-Paradies

Vor nicht allzulanger Zeit bot sich mir die glückliche Gelegenheit, eine außergewöhnliche Zugreise zu unternehmen. Im Auftrag einer deutschen Illustrierten sollte ich mit dem berühmten Eastern & Oriental Express fahren, der zwischen Bangkok und Singapur verkehrt, und anschließend den deutschen Lesern von meinen Erlebnissen berichten. Ich war sehr neugierig auf diese Reise, denn der Eastern & Oriental Express ist einer der letzten jener von Mythen umrankten Luxuszüge, wie sie zu Beginn des zwanzigsten Jahrhunderts in allen Teilen der Erde unterwegs waren. Heute geben nur noch Filme von einst einen Eindruck von jenen glamourösen Reisen – man denke etwa an den Streifen *Shanghai-Express* mit der zauberhaftgeheimnisvollen Marlene Dietrich. Wie von selbst stellen sich im Kopf die Bilder von schöngekleideten Menschen ein, von *gentleman travellers* in Anzügen aus weißem Leinen und mit Tropenhelm, die mit einem Gin Tonic in der Hand den ganzen Tag über anregende Gespräche führen, während sich ebenso gutgekleidete Spione unter sie mischen und ihre Intrigen spinnen. Und auch wenn ich auf dieser Reise mit keinem Spion Bekanntschaft schließen sollte, wurden meine Erwartungen doch keineswegs enttäuscht.

Drei Tage und zwei Nächte benötigt der Eastern & Oriental Express, um die zweitausend Kilometer zwischen Bangkok und Singapur zurückzulegen. Man reist gemächlich, nie schneller als sechzig Kilometer in der Stunde. Und von jenem Augenblick an, in dem man in Bangkok den im Sonnenlicht grün-golden glänzenden stolzen Zug besteigt, wird alles Erdenkliche getan, um die Welt um einen herum ins Vergessen zu tauchen. Wie den anderen Passagieren war auch mir ein eigener Steward zugeteilt, der, obwohl sein Name Sarawut leicht auszusprechen war, darauf bestand, »Woody« genannt zu werden. Mit einem Strahlen im Gesicht, das während der Reise nicht von ihm weichen sollte, führte er mich zu meinem Abteil. Mein Reich war mit hohen Fenstern, holzvertäfelten Wänden mit schönen Intarsien, Messingbeschlägen, einem Sessel und einer gepolsterten Sitzbank ausgestattet, die sich abends mit Hilfe des Stewards in ein schmales Bett verwandelte. Und nicht zu vergessen die Klingel, mit der ich, wie mir Woody erklärte, ihn rufen könne, wann immer ich einen Wunsch verspürte. Man hätte mithin die zweiundsiebzig Stunden Fahrt ohne weiteres in seinem Abteil verbringen können, ohne auch nur eine Sekunde an Langeweile zu denken, getragen vom stetigen gemächlichen Schaukeln des fahrenden Zuges. Aber es gab ja im Zug auch sonst allerlei zu bestaunen: Ein Speisewagen reihte sich hier an den nächsten, jeder in einer anderen Farbe gehalten. Die Tische waren mit Silberbesteck, Kristallgläsern und Damastservietten gedeckt. Die Köche kamen aus Frankreich und waren Meister ihres Fachs; auch die Kellner übertrafen sich selbst und servierten jeden Gang mit einer Perfektion, die den Genuß weiter steigerte. Und obwohl der von der Zuggesellschaft ausgegebene Dresscode *Smart casual* lautete – was auch immer dies bedeuten mochte –, sah man beim Dinner Smokings, festliche Abendkleider und glitzernde Juwelen. Ob bei Tisch oder im Salon: Die Stimmung war gedämpft, nur ab und an hörte man ein etwas lauteres Lachen vom Nebentisch. Und auch wenn sämtliche Getränke in der Reise inbegriffen waren, ging es, was das Trinken betrifft, durchaus nicht ausschweifend zu. Mit einem Wort: alles war *comme il faut,* und es hätte mich nicht gewundert, wenn im nächsten Augenblick tatsächlich Marlene Dietrich im Abendkleid und mit Zigarette in der Hand an meinem Tisch erschienen wäre, um sich von mir Feuer geben zu lassen.

Wie stets auf Reisen, bilden sich mit der Zeit Rituale aus. Ich machte es mir morgens zur Gewohnheit – nachdem ich von meinem Steward geweckt worden war und noch bevor die Frühstücksmacherin, eine Erscheinung wie aus dem Fabergé-Ei gepellt, im Abteil erschien –, in den offenen Aussichtswagen am Ende des Zuges zu gehen, um mir den Wind, frisch wie auf einem Schiff, ums Gesicht wehen zu lassen, den Blick auf die im Tau glänzenden üppigen Urwaldbäume gerichtet. Als der Zug schließlich nach dreitägiger Fahrt in Singapur im Bahnhof Keppel Road zum Stehen kam und sich die Türen öffneten, roch es nicht mehr nach Urwald, sondern süßlich nach Stadt. Es roch nach Alltag. Am liebsten wäre ich sofort wieder in den Zug gestiegen und nach Bangkok zurückgefahren. Viele Stunden begleitete mich auf dem Weg durch das Gewühl der Metropole noch das sanfte Schaukeln des Zuges. Bis auch dieses plötzlich aufhörte und mir die zweiundsiebzig Stunden im Eastern & Oriental Express mit einem Mal wie ein fernes Märchen erschienen.

Von solchen luxuriösen Zugreisen, die wahrhaft um des Reisens willen unternommen werden und nicht, um irgendwo anzukommen, können wir heute in aller Regel nur träumen – in Europa ebenso wie in der übrigen Welt. Und wer eine derartige Reise nicht wenigstens einmal selbst erlebt hat, der wird das köstliche Gefühl des Reisens um des Reisens willen vielleicht gar nicht vermissen. Man muß übrigens gar nicht in einem Luxuszug unterwegs sein, um zu einer solchen Empfindung zu gelangen. Immer wieder erzählen mir deutsche Freunde mit leuchtenden Augen davon, wie sie in ihrer Jugendzeit – dank eines besonderen Angebots der Bahn – wochenlang mehr oder weniger ziellos mit dem Zug in Europa umherreisten, meist ohne viel Geld in der Tasche. Für die meisten von ihnen gehört jene Reise – durchaus vergleichbar mit der noch im Kutschenwagen absolvierten Grand Tour vergangener Jahrhunderte – zu den prägenden Erlebnissen ihres Lebens.

Wenn wir heute den Zug besteigen, dann nicht, um zu reisen, sondern um anzukommen, und zwar so schnell wie möglich. Längst konkurriert die Eisenbahn nicht mehr mit dem Automobil, sondern mit dem Flugzeug – und auf mittleren Strecken ist sie dem Flugzeug inzwischen sogar überlegen, wenn man Reisezeit und Bequemlichkeit als Maßstab nimmt. In Windeseile jagen wir in Hochgeschwindigkeitszügen von einem Winkel des Landes zum anderen – und ich nehme mich davon nicht aus. In den über vierzig Jahren, in denen ich in Deutschland lebe, bin ich zu einem geradezu leidenschaftlichen Bahnfahrer geworden. Ja, ich kann sagen, daß ich mir Deutschland mit der Netzkarte der Deutschen Bahn erschlossen habe. Keineswegs nur auf den Verbindungslinien der großen Metropolen, sondern auch auf den vielen hundert Nebenstrecken durch entlegene Ortschaften, die nie einen Schnellzug zu Gesicht bekommen, sondern allenfalls dreimal am Tag einen Bummelzug – auch wenn sich dieser inzwischen mit dem schönen Namen Regional-Expreß schmückt. Bis in die letzten Winkel der Republik gelangt man mit der Bahn, auf den letzten Kilometern bisweilen mit dem Bus: nach Aha bei Gunzenhausen und Aua bei Neuenstein; nach Buntekuh in Lübeck und Büchsenschinken bei Reinbek; nach Ehrenzipfel bei Rittersgrün, Faulebutter bei Finnentrop und Feierabend im Landkreis Dithmarschen; nach Gabe Gottes in Thüringen und Gewissensruh in Oberweser; nach Jammertal in Datteln und Knochenmühle bei Karlsruhe; nach Linsengericht südlich von Lieblos und Lustiger Strumpf in Lauenburg; nach Ochsenschenkel im Landkreis Erlangen und Regenmantel in der Mark Brandenburg; nach Sklavenhaus in Nordfriesland und Sommerloch bei Bad Kreuznach; nach Sorge und Elend im Harz und Weitewelt im Landkreis Segeberg; nach Wüstenbrand in Sachsen und Zwickmühle im Hessischen. Die Ortschaft Fegefeuer in Rendsburg-Eckernförde mag nicht unbedingt zum Verweilen einladen; aber jedesmal, wenn ich mit dem Intercity durch Jena-Paradies fahre, nehme ich mir vor, hier doch beim nächsten Mal eine Pause einzulegen, um mich davon zu überzeugen, ob der Park, der dem Bahnhof seinen Namen gab, wohl hält, was er verspricht.

Eine Reise mit der Deutschen Bahn gleicht heute oft einer Zeitreise, wenn man in einem Bahnhof mittlerer Größe vom Intercity Expreß in den Regionalzug umsteigt und fortan seine Reise in gemütlichem Tempo fortsetzt, mit zahlreichen Unterbrechungen an kleinen Bahnhöfen, an denen der Glanz der Modernisierung vorübergezogen ist. Wie oft bin ich an verwunschenen Bahnhöfen vorbeigefahren, von denen man beim Blick aus dem Fenster nur raten kann, ob in ihnen noch Menschen auf Züge warten oder ob sie nicht schon vor Jahrzehnten außer Dienst genommen und verriegelt wurden. Wer darauf angewiesen ist, möglichst schnell an sein Ziel zu gelangen, mag dies bedauern, ich genieße diese Form der Entschleunigung: Während sich die Bahnhöfe der großen Städte in den letzten Jahrzehnten in strahlende Konsumtempel verwandelt haben, atmen diese kleinen Stationen mit ihren blätternden Fassaden neben von Unkraut bewachsenen Gleisen den Geist einer Epoche, in der Geschwindigkeit noch nicht das Maß aller Dinge war.

»In Deutschland wollen die Menschen bei zwei Dingen immer mitreden, beim Fußball und bei der Bahn«, erklärte der wenig geliebte Hartmut Mehdorn, als er noch Vorstandsvorsitzender der Deutschen Bahn war. Er hatte damit nicht ganz unrecht: Just in dem Land, in dem das private Automobil einen Stellenwert genießt wie nirgendwo sonst auf der Welt, wird über kaum etwas so gerne und ausgiebig geklagt wie über die Bahn. »Wie Sie mit der Bahn fahren und trotzdem ankommen«: Mehr oder weniger satirisch gemeinte Überlebensführer mit derartigen Titeln erfreuen sich bei deutschen Buchkäufern großer Beliebtheit. Und neben dem »Schwarzbuch Faschismus« und dem »Schwarzbuch Kommunismus« gibt es seit kurzem auch das »Schwarzbuch Deutsche Bahn«. Mit großem Aplomb listen die Autoren auf, was sie für untragbare Zustände halten. Ein mit Kaugummi verklebter Fahrkartenautomat, eine unverständliche Bahnhofsdurchsage, eine ausgefallene Klimaanlage im Abteil, eine lauwarm servierte Suppe im Speisewagen, ein verpaßter Anschlußzug: Aus solchen kleinen – mit Sicherheit ärgerlichen – Malaisen setzen die Autoren ihr düsteres Panorama zusammen. Nach beendeter Lektüre muß es einem als wahres Wunder erscheinen, daß in Deutschland überhaupt noch Züge den Bahnhof verlassen – geschweige denn jemals ihr Fahrziel erreichen.

Wer wünschte sich nicht auch in den Zügen der Deutschen Bahn einen Service, der dem des Eastern & Oriental Express zwischen Bangkok und Shanghai entspräche! Aber ein solcher wird, fürchte ich, schwerlich zum üblichen Preis einer Bahncard-ermäßigten Fahrkarte zu haben sein. Bei allen berechtigten Klagen sollte aber ruhig auch einmal erwähnt werden, daß es kein Land auf der Welt gibt, mit dem es Deutschland, was Angebot, Service und Pünktlichkeit seines Bahnverkehrs betrifft, nicht aufnehmen könnte.

Auch wenn es sicher unfair ist, die beiden Länder zu vergleichen: Gerne würde ich die Autoren der obengenannten Bücher über den beklagenswerten Zustand der Deutschen Bahn einmal zu einer Bahnreise in mein Heimatland Äthiopien einladen. In Äthiopien ist man sehr stolz auf seine Bahnlinie, die über eine Länge von siebenhundertachtzig Kilometern die Hauptstadt Addis Abeba mit dem Roten Meer verbindet – es ist die einzige im Land. Kaiser Menelik II. hatte im Jahr 1894 die Konzession erteilt, der Schweizer Ingenieur und äthiopische Staatsrat Alfred Ilg wurde vom Kaiser mit der Planung betraut. Den Abschluß der Arbeiten erlebte Kaiser Menelik dann nicht mehr. Achtundzwanzig Jahre nach Baubeginn konnte 1917 der letzte Streckenabschnitt in Betrieb genommen werden. Von da an verkehrte einmal die Woche ein Zug auf der eingleisigen Strecke zwischen Djibouti und Addis Abeba, drei Tage dauerte die Fahrt. Evelyn Waugh berichtet in seinem Buch *Remote People* sehr anschaulich von seiner Fahrt mit der Äthiopien-Djibouti-Bahn im Oktober 1930. Er gehörte damals zu den zahlreichen illustren Gästen, die von überall auf der Welt zur Krönung von Haile Selassie in die äthiopische Hauptstadt reisten.

Die Äthiopien-Djibouti-Bahn hat niemals Aufnahme in den Katalog der legendären Bahnstrecken gefunden. Sie sicherte die Verbindung der äthiopischen Hauptstadt und des Binnenlandes mit dem Meer, Luxuszüge verkehrten hier nicht. Im Jahre 2007 wurde der Personenverkehr vorübergehend eingestellt, seitdem fahren nur noch Güterzüge auf der Strecke. In aller Regel am Dienstag –

Pünktlichkeit wird hier nicht in Sekunden und Minuten, sondern in Tagen gemessen – macht sich ein Güterzug von Addis Abeba nach Djibouti auf dem Weg, bei Bedarf kann ein Passagierwaggon angehängt werden. Wenn alles gutgeht – und weder schadhafte Schienen noch Paviane oder Kamele auf den Gleisen die Weiterfahrt behindern –, läßt sich die Strecke auch heute innerhalb von drei Tagen bewältigen. Manchmal ist es heilsam, zu vergleichen. Ich könnte mir jedenfalls vorstellen, daß die Autoren der einschlägigen Deutsche-Bahn-Überlebensführer nach einer Reise mit der Äthiopien-Djibouti-Bahn die Qualität des deutschen Eisenbahnverkehrs in einem neuen Licht sähen.

Eine Sache habe ich übrigens in all diesen Büchern schmerzlich vermißt: einen Appell an die Höflichkeit. Bei allen mehr oder weniger berechtigten Klagen über Bahnpersonal und Bahnmanagement: Viel wäre doch schon gewonnen, wenn auch im Zug die üblichen Regeln der Höflichkeit ihre Gültigkeit behielten. Nicht wenige nehmen mit Betreten eines Eisenbahnwaggons Verhaltensweisen an, die einem kultivierten Menschen unwürdig erscheinen. Sowie sie einen Sitzplatz ergattert haben, belegen sie die umliegenden Sitze mit Jacken, Taschen und Gepäckstücken, wie mancher Vierbeiner mit Duftmarken sein Revier markiert. Nähern sich platzsuchende Mitreisende, richten sie den Blick starr zum Fenster hinaus; manch einer stellt sich auch schlafend. Auf keinen Fall wollen sie ihr für ein paar Stunden eingenommenes Revier mit einem Rivalen teilen – mag dieser ruhig seine Reise stehend im Gang absolvieren. Muß erwähnt werden, daß man als junger Mensch gegenüber einer platzsuchenden Dame – und gegenüber jedem, dem das Stehen im Gang offensichtlich mehr Mühe bereitet als einem selbst – nicht auf seiner Reservierung besteht, auch und gerade in einem überfüllten Zug, und man seinen Sitzplatz bereitwillig zur Verfügung stellt? Anscheinend schon. Für viele ist das leider keine Selbstverständlichkeit mehr.

Aus den Waggons der Schnellzüge zwischen München und Rostock ist im Verlauf der letzten Jahrzehnte eine Ansammlung von privaten Wohnzimmern und Großraumbüros geworden. Wer heute den Weg von seinem Platz durch zwei, drei Waggons zum Speisewagen zurücklegt, kann sich ohne Mühe nicht nur eine Übersicht über die aktuellen Romane auf der Bestsellerliste verschaffen; er erfährt beim Blick auf die zahlreichen aufgeschlagenen Laptops auch, welche Filme und Serien die Menschen gegenwärtig in ihren Bann ziehen; und aus zu Lautsprechern umfunktionierten Kopfhörern ertönen die Schlager der Saison. Die Augen lassen sich bei Bedarf schließen, nicht aber die Ohren. Zu einer bemerkenswerten Erweiterung des Horizonts eines jeden Bahnreisenden hat das Mobiltelefon geführt. Unter der Woche, wenn die Geschäftsleute der verschiedensten Branchen in ihren grauen Anzügen in der Mehrheit sind, werden die fahrenden Großraumbüros auch dazu genutzt, per Telefon die Geschäfte in Gang zu halten. Am Wochenende wiederum verwandeln sich die Züge in einen wahren Schmelztiegel der deutschen Gesellschaft. Ob man will oder nicht, im Nu ist man in eine fremde Welt hineingezogen: in das kompliziert-labile Beziehungsgeflecht eines kaum erwachsenen Mannes mit zartem Bartflaum, Goldkettchen und Baseballpullover zum Beispiel, der zwischen Frankfurt und Würzburg seine diversen Freundinnen vertröstet; oder in das Innenleben einer wirtschaftlich darbenden Werbeagentur, dessen Geschäftsführer im Armani-Anzug mit Rolex am Arm und Schweißtropfen auf der Stirn seiner Sekretärin telefonische Anweisungen gibt, welche Rechnungen keinen Aufschub dulden und prompt zu begleichen sind und welche Gläubiger man gut und gerne noch ein paar Wochen vertrösten kann. Ein jeder Bahnreisender weiß von einer Vielzahl solcher Geschichten zu berichten, die es mit den schillerndsten Beispielen der an schillernden Fällen reichen Gesellschaftsmagazine im Fernsehen aufnehmen können. Ich bin überrascht, mit welch stoischem Gleichmut – oder sollte man es Masochismus nennen? – die meisten Reisenden es hinnehmen, zu stillen Zeugen solcher Gespräche zu werden. Wenn ich mich in einem Wagen befinde, der von der Deutschen Bahn freundlicherweise als »Ruhezone« deklariert worden ist, scheue ich mich durchaus nicht, den Betreffenden freundlich darauf hinzuweisen, er möge doch daran denken, daß er nicht allein im Abteil sei. In der Mehrheit der Fälle ist dem auch Erfolg beschieden, ist den meisten doch gar nicht bewußt, daß ihren mehr oder weniger privaten Gesprächen in Zimmerlautstärke gerade hundert Ohrenpaare lauschen.

Wie viel angenehmer wäre doch das Reisen mit der Bahn, wenn wir unseren Mitreisenden mit der gleichen Höflichkeit begegneten, mit der wir selbst gerne behandelt werden wollen! Wenn ich mir in diesem Zusammenhang doch einen einzigen kleinen Kritikpunkt am Service des Bahnpersonals erlauben darf: Freundlichkeit ist gut und schön, aber manchmal erscheint es mir fast schon des Guten zuviel. Ich muß gar nicht nach jeder Haltestelle des Zugs aufs neue in mehreren Sprachen begrüßt werden; die Speisekarte lese ich lieber selbst im Speisewagen, man muß sie mir nicht durchsagen. Ich freue mich über die mobile Brezelverkäuferin und den mobilen Eisverkäufer, aber muß ich auf deren Ein- oder Ausstieg vom Zugführer eigens hingewiesen werden? All diese Hinweise und Durchsagen mögen gut gemeint sein, doch wirken sie in ihrer Fülle bisweilen störend.

Nun bin ich selbst schon ins Klagen geraten, dabei soll es hier doch um das Lob des Bahnfahrens gehen. Eine der größten Errungenschaften der menschlichen Zivilisation stellt für mich die Erfindung des Speisewagens dar. Auf langen Strecken sorgt er dafür, daß das leibliche Wohl nicht zu kurz kommt. Er versüßt und verkürzt jede Zugreise auf die angenehmste Art. Und nicht nur das: Ich kann mir keinen besseren Ort vorstellen, die Gedanken schweifen zu lassen, vor sich einen Kaffee, ein Glas Bier oder Wein, während Orte und Landschaften an einem vorüberrauschen. Anscheinend geht es zahlreichen Bahnreisenden ganz ähnlich wie mir. Als die Deutsche Bahn vor einigen Jahren verkündete, sie wolle die Speisewagen in ihren Zügen abschaffen, erhob sich ein wahrer Proteststurm. In Windeseile wurde der schnöde Vorstoß zu den Akten gelegt – noch schneller übrigens als neulich der Vorschlag eines »Bedienzuschlags«, den die Bahn von jenen Kunden erheben wollte, die ihre Fahrkarte nicht am Automaten, sondern am Schalter kaufen.

Der Speisewagen bietet übrigens auch eine vorzügliche Gelegenheit, zwanglos mit anderen Reisenden ins Gespräch zu kommen. Man darf sicher sein, hier auf Wesensverwandte zu stoßen – auf jene, die sich auch im mit Hochgeschwindigkeit dahinbrausenden ICE die Aura des Reisens zu bewahren wissen. Wie viele wunderbare Bekanntschaften habe ich nicht im Speisewagen geschlossen! Unvergeßlich ist mir vor allem eine Begegnung geblieben, die sich vor vielen Jahren – es muß im Dezember 1978 oder 1979 gewesen sein – auf der Reise von Frankfurt nach Linz zutrug. Als ich im Speisewagen nach einem freien Tisch Ausschau hielt, stieß ich dort zu meiner Überraschung auf den großen Helmut Qualtinger, den ich seit meiner Jugend verehrte – als Schauspieler ebensosehr wie als Sänger und Kabarettist. Vor ihm auf dem Tisch stand eine Flasche Rotwein, die schon gut zur Hälfte geleert war. Ich überlegte, wie ich es wohl am besten anstellen konnte, mit ihm ins Gespräch zu kommen. Der Speisewagen war an jenem Dezembernachmittag nur spärlich besucht, also setzte ich mich zwei Tische weiter und wartete auf meine Gelegenheit. Als Helmut Qualtinger nach einer Weile dem Ober winkte und rief: »Gehen's, bringen's mir die Rechnung!«, schien sie mir gekommen. Ich stand auf, verneigte mich und sagte: »Lassen's nur, Herr Qualtinger, der Papa wird's scho richten!« Qualtinger runzelte die Stirn und musterte mich mit zusammengekniffenen Augen, dann antwortete er: »Doctor Livingstone, I presume?« – Ich nahm den Faden auf: »Wie recht Sie haben, Mr Stanley!« – »Naa, jetzt kann i ja net gehen …«, gab er zurück, und wir bestellten noch eine Flasche Wein.

Im Nu kamen wir ins Gespräch, und es dauerte nicht lange, bis wir »après« waren. Helmut Qualtinger zeigte sich nicht wenig überrascht, als ich begann, den Text von »Der Papa wird's scho richten« aufzusagen: »Auf einmal sagt zu mir der Puntigam: ›Sag, was is' wahr an dem Tamtam? Ich hab' da so was aufgeschnappt, Du hättest einen Unfall ghabt?‹ Drauf sag' ich: ›Es is' nix passiert, mein Porsche ist schon repariert, nur leider is' mir ein Passant bevor er gstorbn is' einigrannt ...‹«. Qualtinger erzählte mir, daß es das einzige Lied sei, von dem Georg Kreisler sagte, er würde ihn darum beneiden, und daß es – obwohl er, Qualtinger, ständig dafür gerühmt werde – in Wahrheit aus der Feder seines Kollegen Gerhard Bronner stamme. Und dann kam er auf die wahre Begebenheit zu sprechen, die dem Spottlied zugrunde lag: Der »Papa«, der die delikate Angelegenheit seines Sohnes gerichtet hat und einen Unfall mit Fahrerflucht zu vertuschen half, war niemand anders als der österreichische Nationalratspräsident Felix Hurdes. Ein Auftritt im österreichischen Fernsehen, bei dem Qualtinger und Bronner ihr Lied vortrugen, hatte schließlich zum Rücktritt des Politikers geführt.

Wir unterhielten uns mehrere Stunden beim Wein auf das prächtigste. Und wenn der Schaffner nicht irgendwann die baldige Ankunft in Linz annonciert hätte, wären wir auch noch bis »viertel, halber drei« zusammengesessen. Ich erinnere mich noch, daß wir »Der Papa wird's scho richten« zusammen anstimmten. Und daß Helmut Qualtinger anschließend versuchte, mir ein weiteres Lied aus der Feder seines Freundes Bronner beizubringen: den »Bundesbahnblues«, eine Hommage an Luis Armstrong, dem einmal auf einer Bahnreise durch Österreich seine Begleitung abhanden gekommen war. Die Textzeilen jenes »Bundesbahnblues« – man versuche beim Singen die typische Reibeisenstimme Armstrongs anzunehmen – hätten wohl auch einen mit der österreichischen Geographie besser Vertrauten, als ich es war, vor einige Schwierigkeiten gestellt: »Is she in Scheibbs, in Lunz, / in Ybbs, in Schruns, / in Wulkaprodersdorf, in Attnang-Puchheim? / Is she in Mistelbach, in Stinkenbrunn, / in Zwettl or in lovely Wieselburg? / All I know, she's gone / and somewhere im g'scherten Jogelland, / my poor baby. / Is she in Hadersdorf, in Weidlingau, / in Kaisermühlen, Gänserndorf, Amstetten? / Is she in Breitenfurt, in Klagenfurt, / in Gurgl or in Fuschl or in Graz? / Tell me, where's my baby / or I am certainly going nuts, / sunst wer i narrisch! / This is no Genuß, / I sing the Bundesbahnblues / for my baby.«

Und wenn ich sonst über das Bahnfahren in Deutschland, gleich den Autoren der einschlägigen Schwarzbücher, nur einen Katalog von Schreckensnachrichten zu vermelden hätte: Allein für das Geschenk jener unvergeßlichen Stunden mit Helmut Qualtinger im Speisewagen zwischen Frankfurt und Linz werde ich die Deutsche Bahn bis an mein Lebensende rühmen.

Wenn eine Gouvernante Ballett tanzt

Im August 1919 wohnte Harry Graf Kessler – man darf ihn zu den großen der Welt zugewandten Männern zählen, die Deutschland hervorgebracht hat – in Berlin der Vereidigung des ersten Reichspräsidenten der Republik bei. Sein besonderes Augenmerk galt dabei weniger politischen denn ästhetischen Fragen, wie sich seinem Tagebuch entnehmen läßt: »Die Bühne war festlich geschmückt mit den neuen Reichsfarben, Blattpflanzen und Blumen, Gladiolen und Chrysanthemen, unter denen ein Theaterteppich, offenbar der Moosboden aus dem *Sommernachtstraum,* ausgebreitet war. Die Orgel spielte, und alles drängte sich in schwarzem Rock zwischen den Blattpflanzen wie bei einer besseren Hochzeit.« Graf Kessler, der nicht nur ein Mann von Welt war, sondern auch Republikaner aus Überzeugung, sah den Reichspräsidenten Friedrich Ebert, klein und gebückt und »im schwarzen Bratenrock«, das Podium erklimmen, gefolgt vom »hinkenden Reichskanzler«. Bei der Vereidigung entstand eine peinliche Pause, weil das Manuskript mit der Eidesformel nicht aufzufinden war, schließlich wurde »durch die Bratenröcke« ein Blatt Papier nach vorn gereicht. »Alles sehr anständig«, resümiert Graf Kessler, »aber schwunglos wie bei einer Konfirmation in einem gutbürgerlichen Hause. Die Republik sollte Zeremonien aus dem Weg gehen; diese Staatsform eignet sich nicht dazu. Es ist, wie wenn eine Gouvernante Ballett tanzt.«

Ich habe mich dieser Zeilen erinnert, als ich im Mai 2009 die Wahl des Bundespräsidenten im Fernsehen verfolgte – die nicht nur mir als eine wenig zeremonielle Veranstaltung im Gedächtnis geblieben ist. Der erste Wahlgang war bereits vorüber, und im Berliner Reichstag versammelten sich die Wahlmänner in Erwartung der Verkündung des Ergebnisses. Alles war gespannt, ob wohl der erste Wahlgang bereits die Entscheidung gebracht hatte und der favorisierte Kandidat der Unionsparteien, der damals amtierende Bundespräsident Horst Köhler, mit der notwendigen absoluten Mehrheit der Stimmen wiedergewählt worden war; oder ob doch ein zweiter und schließlich dritter Wahlgang notwendig sei, in dem dann ein möglicher Rückzug des Kandidaten der Linken es der Kandidatin der Sozialdemokraten ermöglichen würde, mit relativer Mehrheit ins Amt gewählt zu werden. Wenn ich an jenem Tag zu den Wahlmännern gehört hätte, hätte übrigens Horst Köhler auch meine Stimme erhalten, allein schon deshalb, weil er sich wie kein Präsident vor ihm für meinen Heimatkontinent einsetzte. Aber ich saß ja vor dem Fernseher.

Im Pulk der Delegierten der Sozialdemokratischen Partei sah man jetzt auch deren Kandidatin, der Kandidat der Unionsparteien fehlte. Und auch der Bundestagspräsident, dem es oblag, das Ergebnis zu verkünden, war nirgends zu sehen. Die letzten Wahlmänner hatten längst ihre Sitze eingenommen, im Hohen Haus machte sich Unruhe breit. Die Kommentatoren der Fernsehanstalten waren sichtlich bemüht, die immergleichen Bilder der im Raum umherschweifenden Kameras mit Worten und Bedeutung zu füllen. Da öffnete sich plötzlich eine Seitentür: Die Blaskapelle betrat den Saal und nahm zögerlich auf den für sie vorgesehenen Stühlen neben dem Podium Platz. Einen Augenblick herrschte allgemeine Verwunderung, dann erhoben sich zahlreiche Delegierte der Unionsparteien und der Liberalen Partei und klatschten den Musikern Beifall. Der Kapelle folgten Saaldiener mit Blumen in den Armen – von einigen der Wahlmänner mit Gelächter quittiert, von anderen – darunter auch die Kandidatin der Sozialdemokratischen Partei – mit unterdrückt bitterer Miene. Unter fortdauerndem Gelächter wurden die Blumen in den ersten Reihen unter Stühlen und Pulten verstaut. Nun zeigte die Fernsehregie ein neues Bild: Man sah den Bundestagspräsidenten vor dem Reichstag stehen, nervös hin- und hertrippelnd, die Hände abwechselnd in den Hosentaschen und in die Hüften gestemmt, dann mit ernster Miene eine Kurzmitteilung in sein Mobiltelefon tippend. Offenbar wartete er auf das Eintreffen des Kandidaten Horst Köhler, der – soviel mußte inzwischen dem letzten klargeworden sein – bereits im ersten Wahlgang die Abstimmung für sich entschieden hatte. Noch einmal vergingen Minuten, bis endlich die Wagenkolonne des Präsidenten heranrollte und einer der Limousinen Horst Köhler entstieg. Dem quälenden Warten folgte eine hastig heruntergespulte Zeremonie im Reichstag, als ginge es darum, das Ganze nun so schnell wie möglich hinter sich zu bringen. Blaskapelle und Saaldiener, mag sich der Bundestagspräsident gedacht haben, haben das Ergebnis ja bereits verkündet. Die inzwischen reichlich derangierten Blumensträuße fanden ihre Abnehmer, dann durfte die Kapelle endlich ihres Amtes walten, und die Nationalhymne wurde angestimmt.

Ein Protokoll für die Wahl des deutschen Staatsoberhaupts gab es an jenem Tag offenbar nicht. Nicht wenige der im Reichstag versammelten Würdenträger quittierten den wenig würdevollen Verlauf der Wahl mit gleichgültigem Achselzucken. Es sei doch sympathisch, wenn einmal nicht alles perfekt laufe, gerade bei einer solchen Zeremonie und gerade in Deutschland. Die wenigsten waren sich bewußt, welch klägliches Bild sie ihren Bürgern vermittelten: das Bild einer Versammlung von hohen Repräsentanten der Bundesrepublik, die es an Respekt für die höchsten staatlichen Organe fehlen läßt. Vielleicht reagiere ich, dem die deutsche Staatsbürgerschaft nicht in die Wiege gelegt worden war, empfindlicher auf derartige Dinge als manch anderer. Aber wir sollten nicht vergessen: Diejenigen, die aus der Fremde kommend in Deutschland Aufnahme gefunden haben und stets aufs neue zu hören bekommen, sie möchten sich doch bitte schön integrieren, müssen sich beim Anblick dieser Bilder fragen: Wenn schon die Deutschen sich offensichtlich nicht mit ihrem Land und ihren Institutionen identifizieren, wie können sie verlangen, daß wir es tun?

85

Daß die Staatsform der Demokratie keiner Zeremonien und Symbole bedürfe – diese Ansicht galt in der Bonner Republik über Jahrzehnte hinweg als unausgesprochene Maxime. Emotionen und Stolz, so die weitverbreitete Meinung, hätten in der Demokratie nichts verloren, ein jeglicher Appell an das Gefühl schüre nur die Gefahr, das beständig schwelende Feuer des Chauvinismus zu entfachen. Wer die Nationalflagge hißte, geriet schnell in Verdacht, ein engstirniger Nationalist zu sein; und wer bei gegebenem Anlaß die Nationalhymne anstimmte, mochte zwar »Einigkeit und Recht und Freiheit« auf den Lippen tragen, aber im Geiste sang er doch ganz gewiß »Deutschland, Deutschland über alles …«. Gemeinschaft stifteten Wirtschaftswunder und D-Mark. Auf das Grundgesetz dürfe man stolz sein, erklärten die sogenannten Verfassungspatrioten, aber bitte schön nicht darauf, Deutscher zu sein. Der Bundespräsident Gustav Heinemann persönlich gab im Jahr 1969 die Parole aus: »Ich liebe nicht den Staat, ich liebe meine Frau.«

Warum sich die Bundesrepublik mit ihren nationalen Symbolen so schwertat, liegt auf der Hand. Die Vergangenheit lastete schwer auf dem Rücken der jungen Demokratie. Wer mochte kein Verständnis dafür aufbringen, daß der Aufmarschkult und Fahnenrausch, den die Nationalsozialisten betrieben, eine Art Fahnenkater hinterließ – vor allem bei jenen, die diese Zeit mitgemacht hatten! Woher aber die weitverbreitete Abneigung gegen jene Symbole kam, die doch ganz offenkundig für die Demokratie standen, das hat sich mir nie recht erschlossen. Ich bin in den Zeiten der Studentenunruhen in Tübingen und Frankfurt Studenten der Geschichte begegnet, die mir im Brustton der Überzeugung erklärten, die schwarz-rot-goldene Fahne sei ein Symbol der Obrigkeit und der Unterdrückung. Mußte ich, der gerade erst als Student nach Deutschland gekommen war, ihnen erklären, wofür die Farben Schwarz-Rot-Gold standen? Hatten sie noch nie etwas vom Wartburgfest gehört – jener mutigen Demonstration der Jenaer Studenten, die zum dreihundertsten Jahrestag des Lutherschen Thesenanschlags schwarz-rot-goldene Fahnen schwenkend nach Einheit und Freiheit verlangten? Waren ihnen die Verse Heinrich Heines unbekannt, der im Jahre 1832, als sich in Hambach dreißigtausend freiheitsliebende Menschen unter der deutschen Trikolore versammelten, schrieb: »Pflanzt die schwarz-rot-goldene Fahne auf die Höhe des deutschen Gedankens, macht sie zur Standarte des freien Menschentums, und ich will mein bestes Herzblut für sie hingeben«? Wußten sie nicht, daß sich im Jahr 1848 die bürgerlichen Revolutionäre um die schwarz-rot-goldene Fahne scharten und diese über der Frankfurter Paulskirche wehte, dem Sitz des ersten demokratisch gewählten Parlaments auf deutschem Boden? Daß mithin – vom frühen neunzehnten Jahrhundert an über das Kaiserreich bis hin zur Weimarer Republik – das Bekenntnis zu Schwarz-Rot-Gold stets mit dem Bekenntnis zur Demokratie Hand in Hand ging? All das hatte ich von meinen Geschichtsdozenten im Hörsaal erfahren, während sich meine studentenbewegten Kommilitonen auf der Straße tummelten.

Und es war ja keineswegs so, daß sie Flaggen und Symbolen grundsätzlich abgeschworen hatten: Die Mao- und Che-Guevara-Fahne hißten sie mit Begeisterung, und ebensogern banden sie sich das Palästinensertuch um. Nein, sie lehnten die schwarz-rot-goldene Fahne ab aus einem einfachen Grund: weil sie sich nicht mit der Bundesrepublik identifizierten und wohl auch nicht mit der Staatsform der Demokratie.

Mehr noch als die Nationalflagge freilich erregte in der Bonner Republik die Nationalhymne die Gemüter, zumal in den Anfangsjahren. Nachdem sich Hitler-Deutschland das Lied der Deutschen zu eigen gemacht und dessen erste Strophe zusammen mit dem Horst-Wessel-Lied zur Hymne erkoren hatte, sahen nicht wenige das Lied der Deutschen für kompromittiert an. Zu ihnen gehörte bekanntlich auch der erste Präsident der Bundesrepublik, Theodor Heuss. Mit aller ihm zu Gebote stehenden Macht – die Verfassung wollte es, daß diese Macht nicht weit reichte – stemmte er sich dagegen, das Deutschlandlied zur Nationalhymne zu erklären. Überaus groß war sein Ärger über Bundeskanzler Adenauer, als dieser nach einer Deutschlandrede im Berliner Titania-Palast die versammelte Zuhörerschaft demonstrativ aufstehen hieß, um die dritte Strophe des Deutschlandlieds anzustimmen – als »ein heiliges Gelöbnis«, wie Adenauer es formulierte, »daß wir ein einiges, ein freies und ein friedliches Volk« sein wollen. Heuss wiederum hatte den protestantischen Dichter Rudolf Alexander Schröder mit dem Schreiben einer neuen Hymne beauftragt. Der meinte es sicher gut, als er seine Hymne mit den Worten anheben ließ »Land des Glaubens, deutsches Land / Land der Väter und der Erben, / uns im Leben und im Sterben / Haus und Herberg, Trost und Pfand, / sei den Toten zum Gedächtnis, / den Lebend'gen zum Vermächtnis …« Gleichwohl fühlten sich nicht wenige an einen Trauergesang erinnert. Theodor Heuss verlas den Hymnentext Silvester 1950 in seiner Neujahrsansprache an die Nation und kündigte die anschließende Uraufführung der Vertonung mit den Worten an: »Als wir einen Knabenchor baten, uns das Lied vorzusingen, hat es alle gepackt.« Aber das Volk hat es nicht gepackt, die Auftragshymne wurde als »Theos Nachtlied« verspottet. Also obsiegte Bundeskanzler Adenauer im Hymnenstreit und setzte die dritte Strophe des Deutschlandliedes als Nationalhymne durch – auch wenn sich der Bundespräsident beharrlich weigerte, die Hymne mit einer offiziellen Erklärung in Kraft zu setzen.

Ich weiß nicht, ob mich mein Eindruck täuscht: Ich jedenfalls habe es in der alten Bundesrepublik selten erlebt, daß die Nationalhymne tatsächlich gesungen wurde. In den siebziger und achtziger Jahren waren nur wenige Deutsche, die ich aus Neugier danach fragte, in der Lage, mir den Text der Nationalhymne vollständig vorzusagen. Manch einer rutschte dabei – ohne Böses im Sinn zu haben – in den Text der ersten Strophe des Deutschlandliedes. Wer wollte sie dafür tadeln, kam es doch auch gelegentlich vor, daß der Bundespräsident auf Staatsbesuch in einem Land fern der Heimat von einem Chor empfangen wurde, der ihm »Deutschland, Deutschland über alles« entgegenschmetterte. Und auch im befreundeten Europa konnte man in der Frage der deutschen Nationalhymne bisweilen durcheinandergeraten. Am 10. November 1989 etwa erhielt – wie aus den kürzlich veröffentlichten Akten des Foreign Office hervorgeht – der britische Außenminister Douglas Hurd die Mitteilung, die Premierministerin sei »entsetzt« gewesen, als sie gesehen habe, wie sich der Bundestag nach der Öffnung der Mauer erhob, um »Deutschland, Deutschland über alles ...« zu singen. Der Außenminister geriet ins Grübeln und schrieb an den Rand des Dokuments: »Ist der Text nicht verändert worden? Ich sollte das lieber wissen.« Er bat seinen Privatsekretär um Aufklärung, und zeigte sich sehr erleichtert, als er einige Tage später Haydns Partitur mit dem Text Hoffmanns erhielt und dem Hinweis, der Text der deutschen Hymne sei ganz ohne Zweifel »Einigkeit und Recht und Freiheit«.

Man mag es also verstehen, daß die Bundesrepublik sich in der Regel mit dem Abspielen der Haydnschen Melodie begnügte. Für die meisten Bundesbürger ist mit ihr eine ganz besondere Erinnerung verbunden: Wer hat es nicht wenigstens einmal erlebt, daß er, vor dem Fernseher eingenickt, zum Sendeschluß mit den Haydnschen Streicherklängen sanft aus dem Schlaf geholt wurde, bevor auf dem Schirm das Testbild erschien? Es mag für den ein oder anderen trostreich gewesen sein, daß die bundesrepublikanische Hymne das Schicksal der Hymne der DDR teilte, wo bei offiziellen Anlässen ebenfalls nur noch die Melodie von Hanns Eisler erklang, da man die Textzeile »Deutschland einig Vaterland« inzwischen als anstößig empfand. Zwei deutsche Hymnen ohne Worte.

Im Herbst des *annus mirabilis* 1989 erwachten in Deutschland die nationalen Symbole aus ihrem jahrzehntelangen Dornröschenschlaf. Die Demonstranten im Osten Deutschlands verwandelten die Fahne der DDR zur Deutschlandfahne, indem sie Ährenkranz,

Hammer und Zirkel herausschnitten. Und plötzlich waren auf den Straßen und Plätzen im Osten Deutschlands die Worte der einen Hymne, »Einigkeit und Recht und Freiheit«, ebenso zu hören wie die Worte der anderen: »Deutschland einig Vaterland«. Unvergeßlich ist vielen der gemeinsame Auftritt von Helmut Kohl, Hans-Dietrich Genscher, Willy Brandt und Walter Momper am Abend des 10. November 1990 vor dem Schöneberger Rathaus, dem Amtssitz des Regierenden Bürgermeisters von Berlin. Es war für alle unverkennbar: Der Bundeskanzler und der Regierende Bürgermeister im roten Schal, die die Geschichte in dieser historischen Stunde an einem Ort zusammengerufen hatte, waren einander wenig zugeneigt. Es wurden einige improvisierte Reden gehalten, und zum Schluß stimmten alle vier zusammen die Nationalhymne an – auch dies eine alles in allem wenig zeremonielle Veranstaltung. »Im Schusterbaß, es war schrecklich!«, notierte Walter Kempowski in sein Tagebuch. »Und wenn man schon weiß, daß die Nationalhymne gesungen werden soll, warum war keine Blaskapelle zur Stelle?« Das Beschämende an diesem Abend lag allerdings weniger in den unzureichenden Sangeskünsten der vier Repräsentanten des Staates als darin, daß sie ausgepfiffen wurden, weil sie die Nationalhymne sangen.

In jenen aufregenden Monaten zwischen Maueröffnung und Wiedervereinigung wurde leidenschaftlich auch darüber diskutiert, ob das vereinigte Deutschland nicht eine neue Hymne brauche. Allerlei wurde ins Spiel gebracht, von Brechts Kinderhymne bis hin zu dem Vorschlag, die beiden existierenden Hymnen zu vereinen. Keine abwegige Idee: Die Verse der einstigen DDR-Hymne passen hervorragend zur Komposition von Joseph Haydn, Johannes R. Becher hatte sie ursprünglich sogar für diese geschrieben. Mir zumindest erschien damals dieser Gedanke außerordentlich sympathisch – nicht nur, weil ich es für richtig und notwendig hielt, die Vereinigung Deutschlands mit einem kraftvollen einheitsstiftenden Symbol zu begleiten, sondern auch, weil sich damit erfüllt hätte, was der Begriff Hymne im Kern bezeichnet – leitet er sich doch vom griechischen Wort für »nähen« ab.

Kaum verwunderlich, kam auch der Vorschlag auf, eine ganz neue Hymne in Auftrag zu geben, so wie es Theodor Heuss einst getan hatte. Aber kann man sich etwas Schwierigeres vorstellen, als eine Hymne zu konstruieren, die, ein- oder zweimal gehört, Herz und Seele des Volkes zu treffen vermag? Eine Nationalhymne läßt sich schlecht am Reißbrett entwerfen und oktroyieren. Die erfolgreichsten Hymnen sind jene, die aus dem Volke kommen und gleichsam organisch gewachsen sind. Ich weiß, wovon ich rede, habe ich doch in meinem Heimatland Äthiopien so viele Nationalhymnen kommen und gehen sehen, daß ich bisweilen selbst nicht mehr wußte, welche die gerade gültige war. Das populärste Beispiel für eine Hymne aus dem Volk ist ganz gewiß die Marseillaise, die nicht nur immer wieder aufs neue die französische Nation begeisterte. Sie wurde von den nach Unabhängigkeit strebenden Polen und Griechen im 19. Jahrhundert gesungen; im Jahr 1848 erschallte sie in vielen deutschen Städten. 1956 hörte man sie auf den Straßen von Budapest und im Sommer 1989 in Peking auf dem Platz des Himmlischen Friedens. Aus der Hymne einer Nation ist sie zur weltumspannenden Hymne der Freiheit geworden. Ich bin mir sicher: Hätte der damalige Bundespräsident Richard von Weizsäcker eine neue Hymne in Auftrag gegeben, das Ergebnis wäre ähnlich ernüchternd ausgefallen wie jenes, das sein Vorgänger Theodor Heuss einst präsentierte. Was hätte von Weizsäcker wohl, wäre es dazu gekommen, dem deutschen Volk als zeitgemäßes Symbol für das friedliebende wiedervereinigte Deutschland vorstellen können – vielleicht die moderne Vertonung eines Gedichts des Weltethos-Zyklus von Hans Küng?

Nationale Symbole und Rituale geben dem Staat und seinen Organen Halt und Fassung. In der Stunde, als Gerhard Schröder mit dem Großen Zapfenstreich als Bundeskanzler verabschiedet wurde, gewann er die Fassung zurück, die er am Abend seiner Abwahl verloren hatte, als er sich gegenüber der Gewinnerin der Wahl nicht gerade als Gentleman verhielt. Die Republik bedarf solcher Symbole und Rituale vielleicht noch mehr als andere Staatsformen, da sie sonst wenig hat, was ihr Halt und Fassung verleiht. Bei staatlichen Festlichkeiten erheben sie die, die sich mit ihnen umgeben – die doch immer auch Vertreter des Volkes sind –, und damit wird das Volk als Ganzes emporgehoben. Man mag das in Zeiten einer Schönwetterdemokratie, wie sie die Bundesrepublik mehr als fünfzig Jahre lang erlebte, für entbehrlich halten. Was aber, wenn das Staatsschiff einmal in schwere Wasser gerät?

Seit der Wiedervereinigung ist der einstmals so verkrampfte Umgang mit Nationalhymne und Nationalfahne in Deutschland einer zunehmenden Entspannung gewichen. Ganz selbstverständlich werden die Nationalfarben bei sportlichen Wettkämpfen und festlichen Anlässen zur Schau getragen – so selbstverständlich wie in jeder anderen Nation auf der Welt; und wenn die Nationalhymne angestimmt wird, wird ganz selbstverständlich mitgesungen. In der neuen alten Hauptstadt hat die Berliner Republik in den letzten zwanzig Jahren eine ihr gemäße Architektur zu schaffen versucht. Manches davon ist gelungen, allen voran der Umbau des Reichstags, der sich mit seiner gläsernen Kuppel in ein prachtvolles Wahrzeichen der Republik verwandelt hat. Tag für Tag stehen Hunderte von Besuchern vor dem Reichstag Schlange, um ihren Abgeordneten im wahrsten Sinne des Wortes auf die Köpfe zu schauen. Kann man sich für eine funktionierende Demokratie ein schöneres Zeichen vorstellen? Über manches andere, wie etwa das von den Berlinern als »Waschmaschine« verspottete Kanzleramt, läßt sich streiten. In vielerlei Hinsicht scheint sich die Berliner Republik mit ihren Symbolen immer noch schwerzutun. Noch immer ringt sie um ihre Fassung, macht sich hie und da eine gewisse Hilflosigkeit breit. Noch immer drängt sich bei manchen Gelegenheiten der Eindruck der ballettanzenden Gouvernante auf. Die Wahl des

Bundespräsidenten mag ein Beispiel dafür sein, ein anderes scheint mir die seit vielen Jahren geführte Debatte um die Nutzung des Berliner Stadtschlosses. Das Ansinnen, mit dem Humboldt-Forum ein nationales Zeichen von Offenheit und Weltläufigkeit setzen zu wollen, mag redlich sein, und doch ist es auch ein Zeichen von Kleinmut und Unbeholfenheit. Mein Freund Martin Mosebach hat vor kurzem vorgeschlagen, im Schloß möge das Bundesverfassungsgericht Aufnahme finden – liege hier doch längst das eigentliche Machtzentrum der Bundesrepublik. Noch einnehmender fand ich den Vorschlag, den vor einiger Zeit der Historiker Arnulf Baring vorgebracht hat: Wenn man das Schloß schon wiederaufbaue, müsse der Bundespräsident als der höchste Repräsentant des Staates dort seinen Amtssitz erhalten. Dies sei für eine selbstbewußte Demokratie die angemessene Geste. Besonders überzeugend erschien mir dabei das folgende Argument: Den vielen Neubauten zum Trotz, die in Berlin in den letzten zwanzig Jahren für Regierung und Parlament geschaffen wurden, gebe es in der Hauptstadt keinen angemessenen Ort zum Feiern. Wenn der Bundespräsident zu einer größeren Festlichkeit einlade, müsse im Garten seines Amtssitzes ein Zelt aufgebaut werden, mehr als 180 Gäste könne man in Schloß Bellevue nicht bewirten. Auch und gerade die Demokratie sollte sich ab und zu feiern lassen, und an einem würdigen Ort. Das Schloß wäre einer.

Wenn man darüber nachdenkt, wie die Demokratie Zeremonien und Rituale entwickeln kann, die ihren Bürgern die Möglichkeit geben, sich mit ihr zu identifizieren, sollte eines nicht vergessen werden: Stil läßt sich schwerlich verordnen. Rituale können vorgegeben werden, aber es dauert lange, bis sie in Fleisch und Blut übergegangen sind – wie ein neuer Schuh eingelaufen werden muß, bis er aufhört zu drücken und richtig sitzt. Am vornehmsten sind jene Zeremonien, die sich scheinbar von selbst entwickelt haben, ganz ohne daß sie *par ordre de mufti* verkündet wurden. Zu dieser

Sorte gehört in meinen Augen auch eine Zeremonie der Demokratie – und vielleicht sogar deren schönste –, die ich in Deutschland kennenlernen durfte: die Zeremonie des Wahlganges. In Tübingen und in anderen Orten habe ich erlebt, wie man den Wahlsonntag zelebriert. In der Regel schloß sich der Gang zum Wahllokal dem vormittäglichen Besuch des Gottesdienstes an. Geschlossen machten sich die Familien – Großeltern, Eltern und erwachsene Kinder – im Sonntagsstaat von der Kirche auf den Weg ins Wahllokal. Die Männer hatten ihren besten Anzug angelegt, und in den Regionen, wo dies üblich war, trugen die Frauen Tracht. Auch die Wahlmänner in den Wahllokalen hatten sich in Schale geworfen, die Wahllokale waren üppig mit Blumen geschmückt – ein wohltuender Kontrast zu der Schlichtheit der Örtlichkeiten, an denen gewählt wurde, zu den Resopaltischen, Schiefertafeln und Plastikstühlen. Der Wahltag galt als der höchste Feiertag der Demokratie, und zur Demokratie gehörte die strikte Wahrung des Wahlgeheimnisses. Noch im intimen Familienkreis galt dies als ganz selbstverständlich: Der Herr des Hauses mochte wohl ahnen, daß die Gattin oder der Sprößling insgeheim den »Roten« zugetan war, doch niemals wäre er auf die Idee gekommen, zu fragen, was denn die eine oder der andere gewählt habe – geschweige denn, ihnen die eigene Wahlentscheidung aufzudrängen. Gibt es diese Zeremonie des Wahlsonntags eigentlich noch? Auf dem Lande wohl schon. Ich würde mir wünschen, daß sie überall in Deutschland zu neuem Leben erwachte. Eine schönere und selbstverständlichere Feier der Demokratie scheint mir kaum vorstellbar.

Übrigens hat Graf Kessler, um noch einmal auf ihn zurückzukommen, ungeachtet seines polemischen Wortes von der Zeremonie-Untauglichkeit der Republik, niemals daran gezweifelt, daß die Demokratie sehr wohl gemeinschaftsstiftender Symbole bedürfe. Er gehörte nicht zu den zahlreichen Deutschen, die im Staat von Weimar eine Anstalt zur Befriedigung der elementaren Bedürfnisse sahen und in der Demokratie eine Staatsform, die es schnellstmöglich zu überwinden galt. Der Graf trug die Weimarer Republik im Herzen – und er wußte sehr wohl, daß die Republik auf permanent schwankendem Boden stand. Auf der großen Demonstration nach der Ermordung Walther Rathenaus im Juni 1922 blickte der Graf im Berliner Lustgarten auf ein Meer von zweihunderttausend Menschen mit schwarz-rot-goldenen Fahnen – ein machtvolles Bekenntnis zur Republik. Auf das Denkmal Friedrich Wilhelms III. war ein kleiner Junge geklettert, ebenfalls die deutsche Trikolore schwenkend. Gut sieben Jahre später wurde in Berlin Gustav Stresemann zu Grabe getragen. Nun zeigten die Schleifen der Kränze in der Mehrzahl die Farben Schwarz-Weiß-Rot, die Farben des einstigen Kaiserreiches; die der Republik wurden, wie Kessler notierte, verschämt versteckt. Die, die sich zur Republik bekannten, waren ins Abseits geraten. Mit Aufmärschen, Fahnen und Liedern und anderen kraftvollen Symbolen lockten die Gegner der Republik auf der Rechten und der Linken die Menschen in ihre Reihen. Und als wenig später über der Republik dunkle Wolken aufzogen und die Wirtschaftskrise über sie hereinbrach, brachten ihre Gegner sie schließlich zu Fall.

Eichhörnchen, Löwen und andere Haustiere

Eines der Dinge, die einem Afrikaner, der nach Europa blickt, wohl ewig rätselhaft bleiben werden, ist das Verhältnis der Europäer zu ihren Tieren. Beim Blättern in Friedrich Hebbels Tagebüchern stieß ich neulich auf die berühmte Eichhörnchen-Stelle, die ich bislang nur vom Hörensagen kannte. Auf mehreren Seiten beklagt der Dichter hier den Verlust seines Eichhörnchens, mit dem er seit einigen Jahren das Leben teilte: »Die ersten Wochen«, erinnert sich Hebbel, »wohnte es in meiner Achselhöhle, wohin es sich der Wärme wegen verkroch. Es war so wunderschön braun, als ob es unmittelbar aus einer Kastanie hervorgesprungen wäre und ein Rosenblatt als Zunge im Mäulchen trüge.« Mit den liebevollsten Kosenamen hat Hebbel es bedacht, Lampi, Schatzi und Herzi. Die Nacht über verbringt das Tierchen in seinem Körbchen, des Morgens wird es Hebbel ins Bett gebracht. Zum Frühstück erhält es stets eine eingeweichte Semmel mit einem Stück Zucker, abends speist es mit Hebbels am Tisch. Nur ein einziges Mal in der Zeit ihres Zusammenlebens, erzählt Hebbel, habe es ihn gebissen: Nachdem es, auf dem Schreibtisch herumturnend, mit seinem Pfötchen ins Tintenfaß geriet und Hebbel – besorgt, die Tinte könne dem Tier schaden – es ins Waschbecken tauchte.

Drei Jahre währte das gemeinsame Glück. Am Abend des 5. November 1861 kehrt Hebbel von einem Opernbesuch nach Hause zurück und sieht das Tier leblos im Körbchen liegen. »Ich werde nie wieder eine Maus oder auch nur einen Wurm zertreten«, schreibt der zu Tränen gerührte Dichter, »ich ehre die Verwandtschaft mit dem Entschlafenen, sei sie auch noch so entfernt, und suche nicht bloß im Menschen, sondern in allem, was lebt und webt, ein unergründliches göttliches Geheimnis, dem man durch Liebe näherkommen kann.« Hebbel ließ sich sein geliebtes Eichkätzchen dann ausstopfen und wies ihm einen Ehrenplatz in seinem Bücherregal zu, vor seiner Shakespeare-Ausgabe. Jedes Jahr zu Weihnachten holte er es aus dem Regal und stellte es unter den Christbaum.

Hebbels Liebe zu einem Eichhörnchen mag uns heute kurios erscheinen. Aber unterscheidet sie sich wesentlich von dem, was viele Menschen in Europa heute für ihre Hunden, Katzen, Meerschweinchen, Wellensittiche und Goldfische empfinden? In Afrika kennt man solch interesseloses Wohlgefallen am Haustier, wie es in Europa kultiviert worden ist, nicht. Auch hier lebt man seit alters mit Tieren zusammen, und oft genug lebt man auch von ihnen – von dem, was die Kühe, Schafe, Ziege und Hühner des Hofes hervorbringen. Hunde werden vornehmlich als Wachtiere gehalten, und hier und da geht man mit ihnen auf die Jagd. Daß das Tier dem Menschen nützlich sein soll und nicht der Mensch dem Tier, das freilich steht hier niemals außer Frage.

In meiner Familie gab es zwar, wohl bedingt durch englischen Einfluß, einige Hunde, darunter einen Collie und einen Pekinesen; aber man kann nicht sagen, daß ihnen bevorzugte Aufmerksamkeit geschenkt worden wäre. Sie sind mir jedenfalls nicht in besonderer Erinnerung geblieben, ganz im Gegensatz zu meinen Pferden, wenn man denn hier von Haustieren sprechen mag. Mein erstes Pferd, das ich im Alter von elf geschenkt bekommen hatte, war ein prächtiger Araber mit dem Namen »Merkeb«, »Schiff«. Mit Merkeb lernte ich Reiten auf der »Wiese Seiner Majestät« in Addis Abeba, angeleitet von Oberst Kosroff, dem armenischen Offizier der Kaiserlichen Leibgarde. In der Zeit, als mein Vater als Vizekönig in Eritrea war, war »Assab« mein ganzer Stolz. Assab, benannt nach dem eritreischen Hafen, war eine Mischung aus einem Hannoveraner und einem Araber; er vereinte die Kraft der ersteren mit der Flinkheit der letzteren. Unvergeßlich sind mir die frühmorgendlichen Ausritte durch die Straßen von Asmara gemeinsam mit meinem Vater, wenn die Stadt noch schlief und die ersten Sonnenstrahlen den Morgennebel durchbrachen.

Am Hofe Haile Selassies wiederum konnte man leibhaftigen Löwen begegnen, die im Garten gehalten wurden. Mancher Gast aus Europa zeigte sich überrascht, wenn ihm im Palast ein Löwenjunges über den Weg lief, uns schien es selbstverständlich: Leitete sich doch die äthiopische Kaiserwürde aus dem Hause David her, aus dem auch der Heiland entstammt, der wahre »Löwe von Juda«. Die Löwen im Palastgarten waren das sichtbare Symbol und die Verkörperung dieser jahrtausendealten Traditionslinie. Und wer will, kann deren Spuren im Addis Abeba von heute nachgehen. Gegenüber dem Bahnhof steht noch das Marmormonument des goldenen Löwen von Juda, auf dem Haupt trägt er eine Krone und in der rechten vorderen Tatze das Auferstehungsbanner.

Als ich schließlich nach Deutschland kam, war ich – wie alle meine Landsleute vor und nach mir – erstaunt über die vielen Hunde, die wie selbstverständlich zum Straßenbild gehörten. Und ebenso erstaunt darüber, daß die Herrchen am anderen Ende der Leine ihren Tieren oftmals wie aus dem Gesicht geschnitten waren. Nicht mehr in unserem Corps, aber sehr wohl in einigen befreundeten Verbindungen gab es noch den sogenannten Renommierhund, der sich, zu besonderen Anlässen angetan in Couleur, zur Kneipe gesellte und auch bei Wanderungen und Ausflügen mit von der Partie war.

Wer sich wie ich mit deutscher Geschichte befaßte, der mußte zwangsläufig auch auf die prominenten Hunde der deutschen Vergangenheit stoßen. Drei herausragende deutsche Hundefreunde kennt die Historie: Friedrich den Zweiten, den Fürsten Bismarck und Adolf Hitler. Friedrich der Große sah sich besonders den Windspielen zugetan, sie trugen Namen wie Hasenfuß, Biche (zu Deutsch: Hirschkuh), Alkmene, Arsinoe, Thysbe und Amourette. Seinen Lieblingshunden legte er kostbare Bänder an, die Favoritinnen unter ihnen nahmen an der königlichen Tafel Platz und schliefen in seinem Bett. Ihre letzte Ruhe fanden sie im Garten von Sanssouci. Eine jede erhielt ihren eigenen Grabstein mit eingraviertem Namen. Friedrich der Große selbst, so verfügte er es in seinem Testament, wollte nicht auf einem christlichen Friedhof beerdigt werden, sondern in Sanssouci neben seinen vierbeinigen Gefährten. Bekanntlich blieb Friedrichs Wunsch lange Zeit unerfüllt. Seine sterblichen Überreste fanden den Weg nach Potsdam erst über einen langen Umweg. Friedrich Wilhelm der Zweite, der seinem Neffen Friedrich auf dem preußischen Thron folgte, ließ den Verstorbenen in der Potsdamer Garnisonkirche beisetzen. 1944 wurde der Sarg in die Elisabethkirche nach Marburg gebracht und 1952, auf Initiative von Louis Ferdinand von Preußen, dann in die Kapelle der Hohenzollernburg bei Hechingen. Die Wiedervereinigung machte die Erfüllung des Letzten Willens des großen Königs möglich. Im August 1991 fand er an der Seite seiner Hunde die letzte Ruhe. Ich empfand es als große Ehre, daß ich bei dem Festakt zugegen sein durfte, der sich der feierlichen Überführung des Sarges Friedrichs des Zweiten nach Sanssouci anschloß.

Fürst von Bismarck wiederum war als Verehrer der Dogge bekannt. Seinem Hund Sultan, dem er in besonderer Liebe zugetan war, wurde nach der Reichsgründung im Jahr 1871 der Titel »Reichshund« verliehen. Sultans Nachfolger, Tyras genannt, sollte 1878 Schlagzeilen machen, als er während des Berliner Kongresses den russischen Kanzler Gortschakow ins Bein biß. Dabei hätte er sich eigentlich dem Gast aus Moskau verbunden fühlen müssen, wo doch sein Name russischen Ursprungs ist. Tyras ist die alte Bezeichnung für den Fluß Dnister, der auf seinem Weg ins Schwarze Meer die Ukraine und Moldawien durchfließt. Der auf Tyras folgende Reichshund, Tyras II., war ein persönliches Geschenk Kaiser Wilhelms II., der sich selbst statt mit Doggen lieber mit Dackeln umgab. Über den dritten Hundefreund der deutschen Geschichte muß man nicht viele Worte verlieren: Wohl jedem ist Hitlers Lieblingsschäferhündin Blondi ein Begriff, die ihrem Herrchen bis zur letzten Stunde im Führerbunker treu ergeben war.

Ein Hundeleben in Europa ist besser als ein Menschenleben in Afrika: diesen Satz hört man zuweilen in Addis Abeba, Kampala, Kinshasa oder Pretoria. Und kann man es denen, die ihn sagen, verdenken, wenn man sieht, wie manches Schoßhündchen in London oder Frankfurt von seinem Herrchen oder Frauchen verwöhnt und gehätschelt wird? Ich weiß nicht, wie Historiker und Psychologen darüber denken: Aber mir scheint, daß die demonstrative Liebe zum Haustier nicht selten einhergeht mit einem gewissen Mangel an Fähigkeit zu menschlicher Zuneigung. »Bei manchen Leuten«, schreibt Heimito von Doderer, »tritt das Menschliche erst Tieren gegenüber in Erscheinung. Ja, andere müssen noch tiefer hinab ins Reich der stummen Dinge und können eigentlich erst menschlich sein, wenn sie sich Briefmarken oder altem Porzellan gegenübersehen.«

Man darf aber auch nicht vergessen, daß diese Hinwendung zum Tier nicht selten aus der Not heraus erfolgt. Wie viele einsame Menschen habe ich in Deutschland kennengelernt, denen ihr geliebter Vierbeiner der einzige und letzte tägliche Gesprächspartner war! Wenn meine afrikanischen Freunde dies wüßten, würden sie dem europäischen Phänomen der Tierliebe wahrscheinlich mit etwas mehr Nachsicht begegnen.

Im Jahr 1970 stand ich selbst einmal im Mittelpunkt eines kleinen Zusammenstoßes der Kulturen, die Haustier-Frage betreffend. Mein Vater wollte, nachdem er mich in Tübingen besucht hatte, der Stadt für die überaus freundliche Aufnahme seines Sohnes zwei Löwenbabys schenken. Im Rathaus zu Tübingen wurde fieberhaft diskutiert, was man mit den beiden Löwen anstellen sollte. Einen Zoo gab es in Tübingen nicht, und für die Tiere ein eigenes Gehege zu schaffen, überstieg die finanziellen Möglichkeiten der Stadt. Meine Kommilitonen boten an, die Tiere im Haus unseres Corps aufzunehmen: Liebend gerne hätten sie unseren Renommierhund gegen einen Renommierlöwen eingetauscht. Indes, der Altherren-Vorsitzende des Corps legte Protest ein. Oberbürgermeister Gmelin wußte nicht, wie er dem geschätzten Herzog aus dem Äthiopischen Kaiserhaus begreiflich machen sollte, daß er dessen großzügiges Geschenk nicht annehmen könne. Und so wurde ich als Vermittler eingeschaltet, ich sollte es meinem Vater mit diplomatischem Feingefühl beibringen. Soweit ich es beurteilen kann, ist es darüber nicht zu ernsthaften Verstimmungen zwischen der Stadt Tübingen und dem Hof von Addis Abeba gekommen.

Reichshunde gibt es heute in Deutschland keine mehr und seit einigen Jahren nicht einmal mehr einen *first dog* im Bundeskanzleramt. An den deutschen Universitäten sind die Renommierhunde eine ausgestorbene Art. Weder Eichhörnchen noch Löwen haben sich als deutsche Haustiere durchsetzen können, aber Dackel, Pudel, Möpse und Schäferhunde erfreuen sich nach wie vor großer Beliebtheit. Wach geblieben ist auch die Erinnerung an die großen Hunde von einst. Einem jeden Frankfurter beispielsweise ist noch heute der Name »Butz« ein Begriff. So hieß der Pudel Arthur Schopenhauers, der den Philosophen auf seinen Spaziergängen durch die Stadt stets begleitete. Offiziell trug er den Namen »Atman«, was auf Sanskrit »Weltseele« bedeutet, aber »Butz« schien als Rufname zweckmäßiger. Starb ein Pudel, erwarb Schopenhauer einen neuen, der dem alten möglichst gleichen sollte, und nannte ihn wieder Butz. Die Weltseele sprach aus ihnen allen. Und sie waren auch die ersten, denen Schopenhauer die fertigen Kapitel seines großen Werkes *Die Welt als Wille und Vorstellung* vorlas. Wenn Schopenhauer im Englischen Hof, unweit der Katharinenkirche am Roßmarkt, sein Mittagessen einnahm und die »Weltseele« unter dem Tisch nicht stillhalten wollte, soll er dem Hund, nicht ohne gleichzeitig einen strengen Seitenblick zu den Nachbartischen zu werfen, zugerufen haben: »Du Mensch!«

Flüssiges Brot und Lehnstuhlbehagen

Vor einiger Zeit war ich nach langer Abwesenheit wieder einmal in Tübingen zu Gast, in jener Stadt, in der ich als Student meine ersten beiden Jahre in Deutschland verbracht hatte. Bei dieser Gelegenheit stieg ich auch auf den Österberg hinauf, um das alte Verbindungshaus meines Corps wiederzusehen, in dem ich damals zusammen mit meinen Kommilitonen untergebracht war. Die Schlafzimmer, der Gemeinschaftsraum, die Terrasse, der Garten: Alles schien noch wie damals, als sei es mit meinem Weggang in einen tiefen Dornröschenschlaf gefallen. Ich ging die Treppe hinunter in den Keller, wo sich die »Kneipe« befand, und sogleich schlug mir der altvertraute leicht süßliche Geruch des Bieres entgegen – und mit diesem kehrte die Erinnerung an meinen ersten Tag auf dem Österberg im Oktober 1969 zurück. An jenem Abend wurde ich als Fuchs renonciert, und meine Kommilitonen nutzten die Unerfahrenheit des Novizen mit dem Gerstensaft hemmungslos aus.

Vordem waren meine Kenntnisse über das deutsche Nationalgetränk hauptsächlich aufs Theoretische beschränkt. Wohl wußte ich – nicht zuletzt dank unserer Lehrer an der Deutschen Schule in Addis Abeba – Pils, Weiß- und Starkbier leidlich zu unterscheiden, aber von den wunderbar-feinen Verästelungen der deutschen Bierlandschaft hatte ich nicht die geringste Ahnung. In unserem Deutschbuch prangte unter weißblauem Himmel verheißungsvoll das Münchner Hofbräuhaus, und wir sahen ausgelassene Paare in Dirndl und Lederhosen in Bierzelten tanzen. Von der Ferne aus betrachtet schien es so, als stünde in jedem Ort Deutschlands neben dem Rathaus ein Hofbräuhaus und ein zünftiges Bierzelt, in dem die Plattlinger Isarspatzen aufspielen und ein dralliges Biermädchen namens Zenzi, Resi oder Marie, fünf schäumende Maßkrüge in jeder Hand, durstigen Kehlen »flüssiges Brot« kredenzt.

Und so ganz irrig war die Vorstellung ja nicht. Fünftausend verschiedene Biere soll es heute in Deutschland geben. Mögen auch in den letzten Jahren und Jahrzehnten viele kleine Brauereien verschwunden sein: Vielerorts und vor allem im Süden des Landes hat man sich den Stolz auf das Bier aus der heimischen Brauerei bewahrt. Fast jedes süddeutsche Städtchen feiert einmal im Jahr seine »Kirchweih«, zu der ein Bierzelt selbstverständlich nicht fehlen darf. Wer jemals eine der altehrwürdigen bayerischen Klosterbrauereien besucht hat, weiß, daß sich ein Leben im Dienste Gottes und ein Leben im Dienste des Bieres keineswegs ausschließen. Das Florieren der Klosterbrauereien verdankt sich bekanntlich den strengen Fastenregeln mancher Orden, die ihren Brüdern während den Fastenzeiten nur flüssige Nahrung gestatteten. Die weltweit älteste heute noch bestehende Brauerei in Weihenstephan etwa geht zurück auf den heiligen Korbinian, der dort im Jahr 725 den Grundstein für ein Benediktinerkloster legte und zugleich für die hiesige Braukunst. Heute kommen Studenten aus aller Welt nach Weihenstephan, um Brauwirtschaft zu studieren.

Wer einmal an einem sonnigen Frühlingsvormittag auf dem Münchner Viktualienmarkt ein Weißwurstfrühstück erleben durfte, vor sich auf dem Teller zwei Würste mit süßem Senf und eine Brez'n und dazu ein in der Morgensonne glänzendes schaumgekröntes Weißbier, dem wird es ganz selbstverständlich erscheinen, daß über viele Jahrhunderte hinweg in Deutschland Biersuppe das traditionelle Frühstück war, bevor diese schließlich vom Kaffee verdrängt wurde. »Tee kommt mir vor wie Heu und Mist, Kaffee wie Ruß und Feigbohnen, und Schokolade ist mir zu süß, tut mir weh im Magen, kann also keines leiden«, klagte einst Liselotte von der Pfalz, die am Hof von Versailles die liebgewonnenen Gebräuche ihrer Heimat vermißte: »Was ich aber wohl essen möchte, wäre eine gute Biersuppe. Aber die kann man sich hier nicht beschaffen, das Bier in Frankreich taugt ja nichts!«

Wird das Bier im katholischen Süden Deutschlands mehr geschätzt als im protestantischen Norden? Man hüte sich vor allzu pauschalen Grenzziehungen. In den deutschen Weinregionen an Rhein, Main und Mosel wurde und wird zumeist dem Schoppen der Vorzug gegeben. Martin Luther in Wittenberg konnte sich glücklich schätzen, daß er eine tüchtige Frau besaß, die ihm nicht nur den Haushalt führte, sondern sich auch aufs Bierbrauen verstand. Nach kaum etwas sehnte sich der Reformator auf Reisen so sehr wie nach einer »Pfloschen Bier« aus dem heimischen Keller, gebraut von »Herrn Käthe«, wie er seine patente Gattin zu nennen pflegte. Im niedersächsischen Städtchen Einbeck lag einst das Zentrum der norddeutschen Braukunst mit Hunderten von Brauereien – aus dem Jahr 1351 sind die ersten Bierexporte des Einbecker Bocks belegt. In Bremen, wo man ebenfalls stolz ist auf seine Brautradition, wird bei der ehrwürdigen Schaffermahlzeit als dritter Gang das sogenannte Seefahrtsbier gereicht. Das dickflüssige, süße und alkoholfreie Bier, das einst die Matrosen auf hoher See gegen Skorbut schützte, wird heute ausschließlich für die Schaffermahlzeit gebraut und aus einem Silberhumpen getrunken. Manchen Bayern mag es schütteln, wenn er in einem Biergarten der Hauptstadt eine Berliner Weiße serviert bekommt, aber die Berliner wissen sie seit Jahrhunderten zu schätzen, ob in der roten Variante mit Himbeer- oder in der grünen mit Waldmeistersirup, und nicht nur sie: Napoleons Soldaten, die Anfang des neunzehnten Jahrhunderts mit ihr in Berührung kamen, adelten sie mit dem Titel »Champagne du Nord«. Vor allem an Rhein und Ruhr und im Norddeutschen ist die Sitte beheimatet, zum Bier einen Korn zu reichen, in Berlin spricht man von Molle und Korn. Und in Hannover ist nicht nur zur Zeit des großen Schützenfestes die Lüttje Lage, bestehend aus einem kleinen Glas Bier und einem Korn, beliebt. Deren Handhabung will gelernt sein: Man nimmt das Bierglas zwischen Daumen und Zeigefinger, den Korn zwischen Mittel- und Ringfinger. Die Gläser werden so angesetzt, daß das Schnapsglas ein paar Millimeter über dem Bierglas liegt, dann werden, den Kopf in den Nacken gelegt, Korn und Bier zusammen in einem Zug getrunken.

»Ein Prosit der Gemütlichkeit« wird also, wie ich feststellen durfte, keineswegs nur auf dem Münchner Oktoberfest angestimmt. *Gemütlichkeit* ist ein deutsches Wort und ein Lebensgefühl, für das es bekanntlich in anderen Sprachen keine Entsprechung gibt. Es beschreibt eine liebenswürdige, ungezwungene und gelegentlich auch ins Schläfrig-Stumpfe hineinreichende Stimmung, eine Atmosphäre des In-sich-Ruhens und Aufgehobenseins. »Sie mildert die Tendenz der Deutschen zum Argwohn, Neid oder Zorn«, befand Harold Nicolson, »sie wirkt auf sie abkühlend wie ein feuchter Umschlag und zugleich tröstend, wenn sie unter geistiger Einsamkeit oder dem Zweifel an sich selbst leiden.« Eine Stimmung, die sich durch ein, zwei Glas Bier fast unweigerlich einzustellen scheint – dazu bedarf es nicht zwangsläufig menschlicher Gesellschaft. Bis heute ist bei vielen, und keineswegs nur im Arbeitermilieu, das allabendliche Feierabendbier eine Institution. »Ich Geringer trinke täglich zum Abendbrot ein Glas helles Bier«, schrieb Thomas Mann im Jahre 1906, »und reagiere auf diese anderthalb Quart so stark, daß sie regelmäßig meine Verfassung durchaus verändern. Sie verschaffen mir Ruhe, Abspannung und Lehnstuhlbehagen, eine Stimmung von ›Es ist vollbracht!‹ und ›Oh, wie wohl ist mir am Abend!‹.«

Gewiß gab es immer auch einige, denen diese Behaglichkeit als zu begrenzt und geradezu selbstgenügsam erschien – zu ihnen gehörte zu Beginn des neunzehnten Jahrhunderts auch der Geheimrat Goethe. »Das Bier macht das Blut dick und verstärkt zugleich die Berauschung durch den narkotischen Tabaksdampf. So werden die Nerven abgestumpft. Wenn es so fortgehen sollte, wie es den Anschein hat, so wird man nach zwei oder drei Menschenaltern schon sehen, was diese Bierbäuche und Schmauchlümmel aus Deutschland gemacht haben.« Ging vom deutschen Bierbauch tatsächlich jemals Gefahr für das Wohl des Landes aus? Allenfalls vielleicht für das Wohlergehen der Ehefrauen im heimischen Schlafzimmer, denen der stolze Bierbauch ihres Gatten nicht unbedingt einen verführerischen Anblick bereitet.

In Deutschland wird reichlich getrunken, die Betrunkenheit aber nur mäßig geschätzt. Wohl aber jener, der einiges verträgt. In meinen ersten Monaten in Deutschland lernte ich nicht nur die Vielfalt der deutschen Biere kennen, sondern auch, daß man hier, wenn es verlangt wurde, seine Trinkfestigkeit unter Beweis zu stellen hatte – eine deutsche Tugend, die hart erarbeitet sein will. Klaus Störtebeker, der berühmte Freibeuter aus dem vierzehnten Jahrhundert (um seine Herkunft streiten sich Wismar und Rotenburg an der Wümme), verdankt ihr seinen Namen: Die Aufforderung »Stürz den Becher!« soll für ihn Pate gestanden haben. Die Bayern gelten gemeinhin als besonders trinkfest, aber auch die Friesen aus dem Wurster Land zwischen Bremerhaven und Cuxhaven: »Dack un Gebel open, Dach un Nach besopen (Dach und Giebel offen / Tag und Nacht besoffen)« – so der ihnen zugedachte Spruch.

Täuscht der Eindruck, daß die deutsche Sprache besonders reich ist an Redensarten, welche die Trunkenheit einer Person illustrieren? Der Philosoph Georg Christoph Lichtenberg hat sich einst die Mühe gemacht, die schönsten zu sammeln: »Er ist illuminiert. Er ist pudeldick. Es spukt ihm im Giebel. Er sieht zwei Sonnen. Er hat sich was bene getan. Er sieht den Himmel für eine Baßgeige an. Er hat schief geladen. Er hat sich betudelt. Er hat pokuliert. Er geht, als wenn alle Häuser ihm gehörten. Er hat etwas im Krüsel. Er sieht aus wie eine Ente, wenn's Wetter leuchtet.«

Aus dem Plattdeutschen wiederum ist der Ausdruck »Haarbüdel!« überliefert. Mit dem Haarbeutel, einem seidenen Säckchen, schützte man einst in der Zopfzeit seinen Oberrock gegen den Puder der Perücke. Das Schwanken des Zopfbehälters erinnerte wohl an den schwankenden Gang eines Betrunkenen. Zu Zeiten Wilhelm Buschs muß der Spottruf weithin bekannt gewesen sein, gab jener doch seiner berühmten Sammlung von Bildergeschichten über die Trunkenheit den Titel »Die Haarbeutel«. Aus ihr stammen die weisen Zeilen: »Enthaltsamkeit ist das Vergnügen / An Sachen, welche wir nicht kriegen.« Der Ladenjüngling Fritze, Meister Zwiel, Bauer Bunke und Studiosus Döppe: Sie alle haben mit den tückischen Folgen des Alkohols zu kämpfen. Übel ergeht es auch Wilhelm Buschs frommer Helene, die ihren Gatten Schmöck auf so tragische Weise verloren hat – er erstickte beim Essen an einer Gräte. »Es ist ein Brauch von alters her / Wer Sorgen hat, hat auch Likör«: Wer hätte wohl kein Verständnis dafür, daß die leidgeplagte Helene im Alkohol Trost sucht? Freilich, sie muß den Griff zur Flasche mit ihrem Leben büßen.

Gelegentlich finden sich in der deutschen Geschichte auch Belege für die pazifierende Wirkung der Trinkfestigkeit: Im Dreißigjährigen Krieg rettete diese dem Bürgermeister von Rothenburg ob der Tauber und seiner Stadt das Leben. Im Oktober 1631 erstürmte der katholische Generalissimus Tilly mit sechzigtausend Mann die Mauern der protestantischen Reichsstadt. Der Bürgermeister und alle Räte wurden zum Tode verurteilt. Als die Ratsherren dem Grafen Tilly in einem prachtvollen Humpen dreizehn Schoppen Wein als Willkommenstrunk reichten, schlug Tilly einen Handel vor: Wenn es einem der Ratsherren gelänge, den Pokal in einem Zug zu leeren, würde allen das Leben geschenkt und die Stadt vor der Vernichtung bewahrt. Bürgermeister Georg Nusch schaffte das Unverhoffte, und bis heute feiert man ihn und den Rothenburger »Meistertrunk« Jahr für Jahr mit einem historischen Festspiel.

Trinksicherheit war bis vor kurzem noch ganz ausdrücklich in der deutschen Politik gefordert. Die Berufung der Politikerin Elisabeth Schwarzhaupt 1961 zur Bundesministerin für Gesundheit – sie war die erste Frau in der Bundesrepublik, die ein Ministeramt auf Bundesebene bekleidete – wurde damals von Parteikollegen auf das heftigste kritisiert mit dem Argument, eine Frau sei für ein solches Amt »nicht trinkfest genug«. Legion sind die Erzählungen über die Standfestigkeit von Franz Josef Strauß, kein Politiker und kein Journalist, egal ob in Bonn oder München, konnte es darin mit dem

CSU-Schwergewicht aufnehmen. Am Ende einer durchzechten Nacht in München – so erzählt es ein Journalist, der als teilnehmender Beobachter zugegen war – erhob sich Strauß um vier Uhr morgens mit den Worten, er müsse um acht seinen Privatflieger nach Bonn steuern, wo er um zehn eine Rede im Bundestag zu halten habe.

Bundeskanzler Konrad Adenauer wiederum stellte seine Trinkfestigkeit bei seinem ersten Staatsbesuch in Moskau im September 1955 unter Beweis. Bei der Lagebesprechung im abhörsicheren Sonderzug war jedes Mitglied der deutschen Delegation darauf eingeschworen worden, vor Beginn der berüchtigten russischen Staatsbankette einen großen Löffel Olivenöl zu sich zu nehmen, um die zu erwartenden nachteiligen Wirkungen des Wodka auszugleichen. Beim Mittagessen im Kreml, das Parteichef Chruschtschow zu Ehren Adenauers gab, folgten alsbald die Getränke schnell aufeinander, und ein Toast auf den nächsten. Mit großen Augen beobachtete der Botschafter Herbert Blankenhorn, »daß der alte Herr gegen Schluß des Diners einen Ex nach dem andern trinkt. Immer von dem schweren georgischen Südwein, der gut schmeckt.« In einem solchen Zustand hatten die deutschen Minister und Diplomaten den Bundeskanzler noch nie erlebt. Vom Wein ging man zum Cognac über. Zusehends lockerte sich die Stimmung zwischen dem deutschen Gast und den Gastgebern. Der Bundeskanzler brachte einen Trinkspruch auf den anwesenden sowjetischen Ministerpräsidenten Nikolai Bulganin, und so ging es reihum. Die Trinksprüche wurden von Lachsalven begleitet. Vergeblich versuchte Außenminister von Brentano zu intervenieren und den Bundeskanzler zum Einhalt zu bewegen. Nachdem der Kanzler schließlich, leicht schwankend und mit einer großen Pralinenschachtel unter dem Arm, den Kreml verlassen hatte, mußten im Hotel »große Massen von Tee angefahren werden, um den Alkohol aus dem Magen zu vertreiben«. Es ist durchaus nicht unwahrscheinlich, daß es diesem feucht-fröhlichen Auftakt zu verdanken ist, daß der Staatsbesuch Adenauers in Moskau von einem unerwarteten Erfolg gekrönt wurde: der Vereinbarung über die Heimführung aller zehntausend sich noch in sowjetischer Haft befindenden deutschen Kriegsgefangenen.

Vor einigen Jahren hat man in Deutschland dem Rauchen den Kampf angesagt, und die Gesundheitsministerinnen und -minister werden nicht müde, auch beim Alkohol zum Maßhalten aufzurufen. Wird von Politikern heute noch Trinksicherheit erwartet? Bundeskanzlerin Angela Merkel jedenfalls sprach niemand mehr wegen mangelnder Trinkfestigkeit die Eignung für ihr Amt ab. Bei Männern freilich wird noch immer mit anderem Maß gemessen. Bundeskanzler Gerhard Schröder demonstrierte im Jahr 2000 seine besondere Volksverbundenheit, als er während einer Autogrammstunde in die Menge rief: »Hol mir ma' 'ne Flasche Bier, sonst streik ich hier!« Sein Ausspruch wurde, als Wiederholungsschleife mit einer Melodie unterlegt, zum populären Musikstück, das die hiesigen Radiostationen von Garmisch-Partenkirchen bis Kiel verbreiteten. Und der Niedergang des bayerischen Ministerpräsidenten Edmund Stoiber, der sich anders als sein politischer Ziehvater Franz Josef Strauß im Bierzelt nie wirklich heimisch fühlte, ging einher mit der Streuung des bösen Gerüchts, in seinem Steinkrug verberge sich in Wahrheit Mineralwasser.

Im Corps-Haus auf dem Tübinger Österberg erlebte ich 1969 meine deutsche Biertaufe, aber die wohl heikelste Prüfung meiner Trinkfestigkeit erfuhr ich elf Jahre später in Düsseldorf – wie Bundeskanzler Adenauer im Beisein eines sowjetischen Ministerpräsidenten. Ich war damals Pressesprecher der Düsseldorfer Messegesellschaft. Düsseldorf hatte gerade den Zuschlag bekommen, die größte sowjetische Industriemesse außerhalb der Sowjetunion auszurichten, und dies in Zeiten höchster internationaler Anspannung: Im Dezember 1979 waren sowjetische Truppen in Afghanistan einmarschiert, und der äthiopische Diktator Mengistu, der meinen Vater ermordet hatte und einen Großteil meiner Familie gefangenhielt, war einer der engsten Verbündeten der UdSSR auf dem afrikanischen Kontinent. Ich selbst galt in Äthiopien als Staatsfeind, mein äthiopischer Paß war nicht verlängert worden. In Vorbereitung der Industrieschau sollte ich als Sprecher der Messe eine Delegation von deutschen Journalisten nach Moskau anführen – eine Mission, die mir große Bauchschmerzen bereitete. Was, wenn mich die Staatsmacht einfach in Moskau behalten oder mich nach Äthiopien ausliefern würde, in die Hände des Diktators Mengistu? Nur mit Mühe gelang es mir, meinen Vorgesetzten davon zu überzeugen, daß es besser sei, meinen Stellvertreter nach Moskau zu senden. Auch während der Messe in Düsseldorf versuchte ich den offiziellen sowjetischen Vertretern möglichst aus dem Weg zu gehen. Neben dem sowjetischen Ministerpräsidenten Nikolai Tichonow wurde auch der Erzbischof Pitirim von Wolokolamsk erwartet. Ich setzte durch, daß ich als persönlicher Begleiter des Erzbischofs abgestellt wurde – eine Aufgabe, die mir inmitten der heiklen Umstände am wenigsten verfänglich erschien. Der Bischof hatte sich auf dem Messegelände einen eigenen Bischofsraum eingerichtet. In festliches Ornat gehüllt, ließ er sich und seinen Gästen dort von den versammelten Diakonen ein frugales Frühstück servieren, bestehend aus Kaviar, Sprotten, Lachs und Wodka. Am ersten Tag erschien mir die Teilnahme an einem solchen Wodkafrühstück noch als waghalsiges Abenteuer, am letzten Tag der Messe war es zu einer liebgewonnenen Gewohnheit geworden, von der man nur ungern Abschied nahm.

Auch im fernen Düsseldorf legte die Sowjetunion großen Wert darauf, die Trennung von Kirche und Staat protokollarisch zu demonstrieren. Während des offiziellen Abendessens, das der sowjetische Ministerpräsident für die Messe gab, wurden der Bischof und ich abseits an einem Katzentisch plaziert. Als der Abend sich dem Ende zuneigte und bereits reichlich Wodka die Kehlen hinabgeflossen war, stand mit einem Mal der sowjetische Ministerpräsident vor unserem Tisch. Ich erhob mich, und er begrüßte mich mit den Worten: »Warum sind Sie nicht nach Moskau gekommen?!« Ich wollte mich keinesfalls in eine politische Debatte verwickeln lassen, und so entgegnete ich: »Exzellenz, verzeihen Sie, ich weiß, wer Sie sind. Sie wissen, wer ich bin. Wäre es nicht besser, an diesem Abend nicht von Politik zu sprechen?« Doch wir waren schon mitten dabei. »Vergessen Sie nicht«, entgegnete Tichonow, »daß die Freundschaft der Sowjetunion mit Äthiopien nicht mit Mengistu ihren Anfang fand.« – »Das ist mir wohl bewußt. Mexiko und die Sowjetunion waren die einzigen Staaten, die 1935 Mussolinis Überfall auf Äthiopien verurteilt haben. Doch leider sind Sie gerade dabei, einen der größten Faschisten auf Gottes Erde zu unterstützen.« – »Sie sind zu weit gegangen«, rief der Ministerpräsident sichtlich erregt, er drehte mir den Rücken zu und verließ den Raum. Dies, fuhr es mir durch den Kopf, würde wohl das Ende meiner Karriere als Pressesprecher der Messe bedeuten. Doch es kam anders. Zwanzig Minuten später kam Tichonow zusammen mit einem Kellner zurück, der zwei große Wassergläser und eine Flasche Wodka in seinen Armen trug. »Wir trinken!« rief er mir zu. Zu meiner großen Überraschung schüttete mir der sowjetische Ministerpräsident an diesem Abend sein Herz aus – und er gab seiner Unzufriedenheit mit der äthiopischen Volksdemokratie lauthals Ausdruck, deren Aufrechterhaltung Jahr für Jahr Milliarden Rubel verschlinge. Am Ende unseres Gesprächs war die Wodkaflasche leer. Wer weiß, was passiert wäre, hätten wir noch eine weitere Flasche zur Verfügung gehabt. Womöglich hätten wir am Ende einen gemeinsamen Toast auf das äthiopische Kaiserreich ausgesprochen.

Die Popularität des deutschen Bieres in aller Welt ist bis heute ungebrochen. Es verdankt seine internationale Strahlkraft nicht zuletzt dem weisen Beschluß des bayerischen Herzogs Wilhelm IV. vom 23. April 1516, demzufolge in bayerisches Bier nur Hopfen, Malz und Wasser gehöre. Im Jahre 1906 wurde das bayerische Reinheitsgebot reichsweit im Deutschen Biersteuergesetz verankert, und auch in den deutschen Kolonien begannen sich Brauereien zu etablieren, die nach dem deutschen Reinheitsgebot Bier brauten.

Manche von ihnen, in Namibia, Tansania und Kamerun beispielsweise, existieren bis heute. In Addis Abeba eröffnete ein Äthiopier, der viele Jahre in Bayern gelebt hatte, vor kurzem eine deutsche Gaststube mit angeschlossener Brauerei. Er hat in Weihenstephan Brauwissenschaft studiert, und natürlich wird auch in seiner Brauerei Bier nach dem deutschen Reinheitsgebot gebraut. Das Lokal heißt schlicht und einfach »Biergarten« – die Deutschen und die Germanophilen der äthiopischen Hauptstadt kommen hier zusammen, erheben das Glas und stoßen miteinander an. Auch das ein nicht zu unterschätzender Beitrag zur Völkerverständigung.

Verteidigung der Provinz

Über fünfhundertfünfzig Kilometer erstreckte er sich einst, von Rheinbrohl bei Koblenz über Westerwald nach Osten zum Main, dann nach Süden abknickend bis Lorch und von dort in einem scharfen Knick bis nach Eining an der Donau: der Grenzwall, der die deutschen Provinzen des Römischen Reiches von jenen Gebieten trennte, in denen die »Barbaren« zu Hause waren. Augusta Vindelicum, Mogontiacum und Colonia Agrippina tauften die Römer die Orte, an denen sie ihre Lager aufschlugen, heute unter den Namen Augsburg, Mainz und Köln geläufig. Aus den Kastellen gingen die Hauptstädte hervor, von denen aus die römischen Statthalter die germanischen Provinzen regierten: Raetia, Germania inferior (Niedergermanien) und Germania superior (Obergermanien). Die Reste des einstigen Grenzwalls, der die römischen Provinzen vor den Übergriffen der wilden Germanen schützen sollte, lassen sich heute noch in Rheinland-Pfalz, Hessen, Baden-Württemberg und Bayern besichtigen, im Jahr 2005 hat die UNESCO den Limes zum Weltkulturerbe erklärt.

Von Rom aus gelangten die Segnungen der Zivilisation in die germanischen Provinzen – gepflasterte Wege, Bauten aus Stein und Aquädukte, landwirtschaftliche Geräte und Kulturpflanzen, und als eine besondere Zivilisationsgabe brachten die Besatzer den Wein über die Alpen, der in Germanien auf großen Zuspruch stieß. Wenn man den Historikern glauben darf, hat sich das Gros der Menschen im römischen Germanien durchaus wohl gefühlt, und wahrscheinlich gab es auch den einen oder anderen Germanen, der mit Stolz davon sprach, »Provinzler« zu sein.

Vergleichbares wird man heute, knapp zweitausend Jahre nach dem Ende des Römischen Reiches, kaum mehr finden. An der einstigen Grenzlinie der Welt des Römischen Reiches, der Limesstraße, werden heute alljährlich Römerfestspiele und Gladiatorenschau-kämpfe veranstaltet, die Hunderttausende von Menschen in ihren Bann ziehen – aber wohl keiner von den vielen, die sich hier an die Zeiten von einst erinnern, würde sich gerne als provinziell bezeichnen lassen. Im Lauf der Jahrhunderte hat das Wort Provinz seinen stolzen Beiklang verloren, und auch die Frage, wo die Provinz beginnt und wo sie aufhört, ist nicht mehr leicht zu beantworten. Die geographische Provinz ist von der geistigen überlagert worden, die sich kaum mehr an einem bestimmten Ort festmachen läßt. Das hinterwäldlerische Kuhdorf mag Provinz sein, und ebenso die große Kreisstadt, von der aus jenes verwaltet wird; aber auch die herausgeputzte Landeshauptstadt, von der aus der Ministerpräsident als ungekrönter Landesfürst sein kleines Bundesland regiert, steht längst im Verdacht, provinziell zu sein. Und konnte nicht auch die einstige Hauptstadt der Bundesrepublik, das beschauliche Bonn am Rhein, als zutiefst provinziell gelten? Und wenn die Hauptstadt Provinz war, konnte man gleich die ganze Bundesrepublik als provinziell ansehen – von dem zweiten deutschen Staat, der sich durch Mauer und Stacheldraht von der freien Welt abgeschirmt hatte, gar nicht zu reden.

Man kann den Zeitpunkt, an dem die Bundesrepublik Deutschland dem Verdikt verfiel, provinziell, ja sogar provinzialistisch zu sein, an einem Datum festmachen: dem 1. Oktober 1982, jenem Tag, an dem Helmut Kohl vom deutschen Bundestag zum Bundeskanzler gewählt wurde. Ich erinnere mich noch, wie ein paar Tage nach diesem Ereignis einer meiner deutschen Freunde auf mich zukam, mir mit sorgenzerfurchtem Gesicht die Hand auf die Schulter legte und ein wenig verdruckst zu sprechen begann: Es sei ihm peinlich, wie provinziell Deutschland geworden sei, und er wolle sich bei mir dafür entschuldigen. Ich wußte nicht recht, was ich darauf entgegnen sollte – und wunderte mich im stillen, wie ausgerechnet ich zu der zweifelhaften Ehre kam, eine derartige Beichte abzunehmen. Es sollte nicht bei diesem einen Bekenntnis bleiben.

Immer wieder wurde ich in den darauffolgenden Jahren bei den verschiedensten Gelegenheiten von Journalisten, Unternehmern, Gelehrten und Professoren vertrauensvoll beiseite genommen und bekam dann zu hören, wie sehr man sich doch als Deutscher, als Mann des Geistes und als Mann von Welt für die Provinzialität seines Landes schämen müsse. Je länger die Regierungszeit Helmut Kohls währte, desto mehr stimmten in den Kanon der Klage über das provinzialistische Deutschland ein – und die Inkarnation dessen, was in Deutschland provinziell war, schien der deutsche Bundeskanzler zu sein.

Nach Kräften befeuert wurde die Debatte durch die Feuilletons und politischen Magazine. Die scharfsinnigsten Intellektuellen des Landes führten die Truppe an: Provinziell sei der Kanzler aus dem Pfälzischen, dem es sichtlich schwerfiel, einen Satz Hochdeutsch zu sprechen, und der das heimische Oggersheim zum Mittelpunkt der Republik gemacht hatte, wo er mit übergezogener Strickjacke und in Pantoffeln den amerikanischen Präsidenten empfing und mit Saumagen bewirtete! Provinziell seine Ehefrau Hannelore, provinziell seine Entourage und sein ganzes Beziehungsgeflecht, das ihm den Weg nach oben geebnet hatte! Konnte man ihn nicht förmlich riechen, jenen Bratenduft, der sich von Oggersheim aus über die Republik gelegt hatte? Wohin sie den Blick nun richteten, überall sahen die Hüter des Intellekts Harmlosigkeit und Putzigkeit, überall erhob sich die Fratze des Provinzialismus: Das »Getue, Gehechle und Gekechere« (Karl Heinz Bohrer, *Provinzialismus*) der Mainzelmännchen, die im Fernsehen die Werbepause einleiteten; die rosaroten Elefanten der Bundesbahn und die quiekenden Werbemäuse der Bundespost; die aseptisch-süßliche Fernsehreklame für die bundesrepublikanische »Mutti- und Kuchengesellschaft« (ebd.); der bundesrepublikanische Schmalzschlager und der Bildereklektizismus der deutschen Filmemacher, denen es nicht gelungen sei, auch nur einen einzigen Filmschauspieler von internationalem Rang hervorzubringen; die selbstbezogene Langeweile der deutschen Feuilletons, die denen von *Le Monde*, *The Independent* oder *El País* hoffnungslos hinterherhinkten; die blankgeputzten Kleinstädte mit ihren verödeten Fußgängerzonen, Reihenhaussiedlungen und Jägerzäunen; das deutsche Ladenschlußgesetz und die Ampeltreue der deutschen Fußgänger, die auch dann nicht bei Rot über die Straße gingen, wenn weit und breit kein Auto zu sehen sei. Das Wort Gemütlichkeit war für sie das rote Tuch, das sie in die Arena rief, auf keinen Fall durfte es in Deutschland gemütlich zugehen, das roch nach tiefster Provinz: »Gemütlichkeit ist Gebrüll im Winkel, ist die mit Herzen vernagelte Aussicht ins Freie.« Zu solch harschen Verdikten kam man, wenn man als deutscher Intellektueller mit Wohnsitz in Paris oder London auf den mentalen Zustand der späten Bundesrepublik blickte. Zaghafte Einwände wurden im Nu hinfortgewischt. Deutschlands einmaliger Reichtum von Theatern und Opern? Geschenkt: Eine Oper in der Provinz, da gab es gar nichts zu rütteln, kann die Provinz nicht entprovinzialisieren, sondern im besten Falle veropern. Denn am allerschlimmsten sei jene Provinz, die gar nicht Provinz sein wolle: die Provinz, die sich aufbläht und anschickt, Metropole zu spielen. Wo eine echte Metropole fehle, sei eben überall Provinz.

Einer der bedeutendsten Köpfe Deutschlands sah dies vor knapp zweihundert Jahren noch ganz anders. Im Gespräch mit Eckermann erwähnt der alte Goethe im Herbst 1828, ein paar Jahre vor seinem Tod, einen geistreichen Franzosen, der eine Karte über den Kulturzustand Frankreichs entworfen haben soll. Auf dieser Karte, so der Geheime Rat, sehe man mit helleren oder dunkleren Farben die größere oder geringere Aufklärung der verschiedenen Departements markiert. »Da finden sich nun besonders in südlichen, weit von der Residenz entlegenen Provinzen einzelne Departements, die in ganz schwarzer Farbe daliegen, als Zeichen einer dort herrschenden großen Finsternis. Würde das aber wohl sein«, fährt Goethe fort, »wenn das schöne Frankreich statt des einen großen Mittelpunktes zehn Mittelpunkte hätte, von denen Licht und Leben ausgingen?«

Goethes Gedankenspiel freilich ist nicht auf den französischen Nachbarn gemünzt, sondern auf Deutschland: »Gesetzt, wir hätten in Deutschland seit Jahrhunderten nur die beiden Residenzstädte Wien und Berlin oder gar nur eine, da möchte ich doch sehen, wie es um die deutsche Kultur stünde, ja auch um einen überall verbreiteten Wohlstand, der mit der Kultur Hand in Hand geht.«

Gegenüber dem zentralistischen Frankreich, da bestand für Goethe kein Zweifel, war das in vielerlei Königreiche, Fürstentümer und Residenzen zersplitterte Deutschland kulturell und auch wirtschaftlich überlegen, mochten sich die Stimmen nach nationaler Einheit in Studentenschaft und Bürgertum auch noch so lautstark erheben. Das vielstimmige Orchester der deutschen Länder galt ihm als Träger und Garant von Wohlstand und Kultur. Und wenn schließlich noch die letzten Zoll- und Handelsgrenzen fielen, dann würde Deutschland schon innerlich zusammenwachsen, dafür würden »unsere guten Chausseen und künftigen Eisenbahnen schon das ihrige tun«.

Es ist ein Bekenntnis zum deutschen Föderalismus, das Goethe hier ablegt, und wer hätte dies seinerzeit mit mehr Berechtigung tun können als der Geheime Rat aus Weimar. An der Universität Jena, um deren Geschicke sich Goethe persönlich kümmerte, lehrten Fichte, Hegel, Schlegel, Schelling und Schiller, am Musenhof der Herzoginmutter Anna Amalia sorgte Christoph Martin Wieland für die Erziehung der Prinzen, in seiner Funktion als Theaterdirektor ließ Goethe den Herzog die Rolle des Pylades einstudieren. Wohl von keiner zweiten deutschen Residenz ging damals eine größere geistige Strahlkraft aus als von dem kleinen Herzogtum Weimar, und dessen wahrer Residenzfürst war ganz ohne Zweifel der Geheime Rat selbst: Äonenhaft überstrahlte seine Größe die seines Herzogs.

Der Musenhof Weimar war der Leuchtturm, der alles überstrahlte, aber er stand nicht allein da. Die Residenzstädte Dresden, München, Karlsruhe, Baden, Kassel, Meiningen und Braunschweig;

die Messestädte Leipzig und Frankfurt am Main; die Hansestädte
Hamburg, Bremen und Lübeck – Wie viele von ihnen waren glänzende Zentren emsigen Strebens, die in der Förderung von Handel,
Wissenschaften und Künsten miteinander wetteiferten, und dabei
Wien und Berlin nicht selten ebenbürtig. Ein Wettstreit, der sich
für manchen Bürger auch in politischer Münze auszahlte: Wer bei
seinem Fürsten in Ungnade gefallen war, für den lag das rettende
Exil bisweilen nur eine Tagesreise entfernt. So fand der aus Stuttgart
geflohene Schiller im Meiningischen Bauerbach Unterschlupf, bevor er später eine Professur in Weimar erhielt; den von der Göttin-
ger Universität vertriebenen Brüdern Grimm wiederum gewährte
der preußische König in Berlin Schutz und Aufenthalt. Man hat
sich über die Duodezfürsten lustig gemacht, die ihre vornehmliche
Aufgabe darin sahen, ihrer Residenz Pracht und Glanz zu verleihen,
und darüber bisweilen die vermeintlich wichtigen Aufgaben der
Staatsführung (in der Regel war damit das Kriegführen gemeint)
vernachlässigten. Und anders als hundert Jahre vorher, war das große Vorbild der deutschen Fürsten keineswegs mehr der pompöse
Hof des französischen Sonnenkönigs Ludwig XIV. Man gab sich
in Repräsentationsdingen durchaus bescheiden. Vorbei die Zeiten,
wo es ein Friedrich I. von Preußen für nötig hielt, sich eine Schein-
konkubine zu halten, um sich in jeglicher Hinsicht mit Versailles
messen zu können. Vorbei auch die Zeiten jenes gerührten Bürgers
einer kleinen Residenzstadt, den Egon Friedell in seiner Kulturgeschichte der Neuzeit zitiert. Jener soll, als er seinen Landsherren mit
seiner ihm frisch angetrauten Gemahlin in der Kutsche vorüberfah-
ren sah, ausgerufen haben: »Nun fehlt unserem Fürsten nichts mehr
als eine schöne Mätresse.« Die deutschen Fürsten des neunzehnten
Jahrhunderts mußten niemanden nachahmen, um Größe zu entfalten, sie schöpften aus ihrer eigenen Kraft.

Hätte es freilich jene Kritiker des bundesrepublikanischen Provinzialismus des ausgehenden zwanzigsten Jahrhundert ins Weimar
von Goethe verschlagen, wäre es ihnen wohl ähnlich ergangen wie

dem Opernsänger Anton Genast, der im Jahr 1791 von Prag ans Weimarer Hoftheater kam. Diesem flößte die beschauliche Residenzstadt, in der Rinder-, Schaf- und Schweineherden ungehindert durch die Straßen wandelten, großes Entsetzen ein, und nichts wäre ihm lieber gewesen, als auf der Stelle kehrtzumachen. Nach heutigen Maßstäben wäre Weimar mit seinen sechstausend Einwohnern als tiefste Provinz anzusehen.

Viele Jahrhunderte haben die deutschen Kleinstaaten Deutschland geprägt, und seit es sie gab, wurden sie als Operettenstaaten, Duodezfürstentümer und Zaungaststaaten geschmäht. Der föderale Geist Deutschlands behauptete sich über alle Brüche und Zäsuren des zwanzigsten Jahrhunderts hinweg auch in den Jahrzehnten nach der Einigung Deutschlands. Im föderalen System der Bundesrepublik Deutschland fand er neue Verankerung. Nicht wenige Ministerpräsidenten, Erben der Fürsten von einst, sehen ihre vornehmliche Aufgabe darin, Kultur und Wissenschaft in ihrem Land zu fördern. Zwanzig Jahre nach dem Fall der Mauer erstrahlen die Städte im Osten Deutschlands, von Weimar bis Greifswald, von Dresden bis Potsdam, von Erfurt bis Schwerin, in prächtigem Glanz. Die ganze Welt beneidet Deutschland um seinen Reichtum an Theatern, Orchestern und Opernhäusern; die Schlösser und Fürstenresidenzen, von Neuschwanstein über Nymphenburg bis Sanssouci, ziehen Jahr für Jahr Millionen von Besuchern an.

Eine deutsche Stadt mittlerer Größe wie Frankfurt am Main beispielsweise – die Stadt, die ich seit fast vierzig Jahren meine zweite Heimat nennen darf – hat alles, was man sich nur wünschen kann. Sie vereint die Weltläufigkeit der Metropole mit der Geborgenheit einer Kleinstadt – und ich werde nicht müde, die glückliche Fügung eines solchen Zusammenspiels zu preisen. Ich liebe die alten Apfelweinlokale Sachsenhausens, in denen die Zeit stehengeblieben zu sein scheint. Aus schweren Krügen, den »Bembeln«, kommt der Apfelwein in die hohen geriffelten Gläser, die Kellner tragen weiße Jacken, die Holzbänke sehen so aus, als stünden sie schon ein Jahrhundert hier. Wer will, mag dies provinziell nennen, für mich findet die Stadt an Orten wie diesen ihren Halt. Was aus der Sicht derjenigen, die nur noch Weltbürger sein wollen, provinziell erscheinen mag, ist für mich Ausdruck von Bodenständigkeit und Selbstbewußtsein. Deutschlands Reichtum ist die Summe seiner regionalen Besonderheiten, seiner provinziellen Prägungen. Dazu gehören die regionalen Mundarten und Gebräuche. In meinen Augen war Helmut Kohl der erste deutsche Bundeskanzler, der diese provinzielle Prägung selbstbewußt vorzeigte, anstatt sie schamhaft zu verstecken. Die Provinz ist der Ort, wo die Dinge überschaubar sind. Wenn der Kanzler seine internationalen Staatsgäste in seine pfälzische Heimat einlud, gelang es ihm stets, eine Atmosphäre entwaffnender Vertraulichkeit herzustellen. Er bewirtete seine Gäste zu Hause oder führte sie in sein Lieblingslokal, in den Deidesheimer Hof, wo der Sternekoch Manfred Schwarz am Herd stand. Glücklich all diejenigen, die jemals Gelegenheit hatten, einen von Manfred Schwarz zubereiteten Pfälzer Saumagen zu kosten! Zum festen Programm der Besuche gehörte stets auch eine Führung durch den Speyerer Dom, wo die großen Kaiser der Salier-Dynastie begraben liegen – hier am Rhein hatte das Heilige Römische Reich viele Jahrhunderte lang seinen Anker. Es ist also bei den Staatsbesuchen Helmut Kohls gar nicht so provinziell zugegangen, wie manche glauben machen wollen, und selbst wenn: Mit seiner jovialen Art gelang es Kohl stets aufs neue, so unterschiedliche Temperamente wie Mitterrand, Gorbatschow, Reagan, Bush und Clinton für sich zu gewinnen.

In den Jahren 1989 und 1990 erwies sich dieses Talent als glückliche Fügung. Wer wäre besser geeignet gewesen, die schwerwiegenden Bedenken der Siegermächte von einst, allen voran Rußlands, gegen die Vereinigung Deutschlands aus dem Weg zu räumen als der leutselige Bundeskanzler Helmut Kohl in der Strickjacke? Die meisten derjenigen, die in den achtziger Jahren Helmut Kohl als provinziell verspotteten, wollten ihre Meinung über den deutschen Bundeskanzler auch im Lichte seiner historischen Leistungen für die Vereinigung Deutschlands nicht revidieren. Sie wollten in ihm nichts als den »Refrain auf den Durchschnittstypus einer westdeutschen Kleinstadt sehen«, einen tumben Toren, dem das Glück der deutschen Einheit wie ein reifer Apfel in den Schoß gefallen war, und daran hielten sie unbeirrbar fest. Auch das vereinigte Deutschland blieb in ihren Augen ein Hort der Provinz, mag das neue Deutschland mit Berlin auch eine neue Hauptstadt bekommen haben. Wer wollte, konnte auch in Berlin die deutsche Kleinstadt wiederfinden, und Beispiele für die Schroffheit seiner Bewohner und deren Mangel an Takt und Manieren gab es genug. Berlin sei eine Stadt ohne Bürgertum, plebejisch und ohne stilbildende Bourgeoisie, dies ließ sich soziologisch erklären. Daß in Berlin jede Semmel pappig sei und jedes Stück Fleisch nach Kellermuff schmecke, wußte schon Theodor Fontane zu beklagen. Der ehemalige Finanzsenator Berlins, den es vom Rhein an die Spree verschlagen hatte, sah hier überall Menschen, die in Trainingshosen durch den Tag schlurfen. »Eine Weltstadt ist eine Stadt, in der man einen Hut tragen kann«, lautet die Definition des aus Polen gebürtigen und in Berlin lebenden Literaturwissenschaftlers Andrzej Wirth. Als er in den neunziger Jahren die Probe aufs Exempel machen wollte und mit einem Hut durch die Straßen Berlins spazierte, erregte er ein derartiges Aufsehen, daß er fürchtete, ihm werde der Hut vom Kopf geschlagen. Er beließ es bei dem einen Mal.

Hat die neue Hauptstadt Berlin die Gewichte in Deutschland zwischen Provinz und Zentrum verschoben? Droht gar, wie es einst Goethe befürchtete, mit der Metropole Berlin das Ausbluten der deutschen Regionen und Städte? Die Befürchtungen, denen vor allem die Verteidiger der einstigen Hauptstadt Bonn Ausdruck verliehen, sind einer entspannten Gelassenheit gewichen. Die westdeutschen Metropolen wie München und Stuttgart, Frankfurt und Köln haben nichts von ihrer Anziehungskraft verloren, und an ihre Seite sind im östlichen Teil mit Städten wie Dresden, Leipzig, Erfurt und Rostock neue Anziehungspunkte getreten. Die Bundeshauptstadt Berlin ist eine Stadt am Rande der Republik geblieben, deren Wirtschaftskraft weit hinter den Metropolen im Süden zurückbleibt. Eine Hauptstadt, deren Einwohnerzahl nicht wächst, sondern eher zurückgeht. Gelegentlich flammt die Zentralismusdebatte wieder auf, wenn etwa die Nachricht die Runde macht, daß ein renommierter Verlag seinen Sitz vom Main an die Spree verlegt. Eine Stadt wie die meine, die sich ihren Halt bewahrt hat, wird eine solche Umzugsmeldung mit der gebotenen Gelassenheit zur Kenntnis nehmen, mag sie auch mit noch so martialischen Worten vorgetragen werden.

»Provinziell muß die Welt werden, dann wird sie menschlich«, schrieb der Schriftsteller Oskar Maria Graf, der von Hitler aus Bayern nach New York vertrieben worden war. In Lederhose, Trachtenjanker und breitkrempigem Trachtenhut spazierte er durch die Straßenschluchten Manhattans und erregte damit kaum Aufsehen – im Schmelztiegel New York konnte sich jeder so geben, wie er wollte. Als er aber während seines ersten Deutschlandbesuchs nach dem Krieg im Münchner Cuvilliés-Theater in Lederhose auftrat, empörte sich das Publikum, und nicht wenige Besucher verließen türenknallend den Saal. Ein solcher Aufzug, darin waren sich die Protestierenden mit der Lokalpresse einig, gehöre sich nicht für den schönen Rokokosaal. »Wann a Inder kommen war und in seinem Gwand dort lesen dat, würden's ihm sonstwo reinkriachn«, lautete Grafs Kommentar. Oskar Maria Graf zog auch fortan die amerikanische Diaspora seiner bayerischen Heimat vor, und er gab der Weltstadt am Hudson River den geselligen Anstrich jenes München, das er einst kennengelernt hatte: das München der Schwabinger Boheme zu Beginn des zwanzigsten Jahrhunderts, eine menschenfreundliche Metropole, welche die Fremden, die aus aller Welt in die bayerische Hauptstadt geströmt waren, im Nu zu Münchnern geformt hatte. Wenn Oskar Maria Graf durch Yorkville, das deutsche Viertel Manhattans, spazierte, schallten ihm die vertrauten Dialekte entgegen: das Bayrische, Schwäbische, Rheinländische, Sächsische und das

Berlinische, hin und wieder auch ein paar Satzfetzen Platt. Sein Bier bezog er aus der Rheingoldbrauerei Liebmann in Brooklyn, die der ehemalige Besitzer der Münchner Löwenbrauerei leitete, Weiß- und Bratwürste aus den deutschen Schweinsmetzgereien des Viertels. In die deutschen Wirtschaften in Yorkville zog mit ihm die bayerische Gemütlichkeit ein. Im »Kleinen Café« und der »Blauen Donau« scharte er jeden Mittwoch nicht nur die deutsche Exilgemeinde um sich, auch deutschsprechende Amerikaner, Tschechen und Russen fanden sich ein. Und nicht selten dauerten die Sitzungen von Oskar Maria Grafs Stammtisch bis in die Morgenstunden. Auf seine Visitenkarte hatte er die deutschen Worte drucken lassen: »Oskar Maria Graf. Provinzschriftsteller. Spezialität: Ländliche Sachen.« Wohl niemals zuvor und niemals danach fand die deutsche Provinz einen leidenschaftlicheren Verteidiger als Oskar Maria Graf in New York.

Im Frühjahr des Jahres 2008 ging die Nachricht um die Welt, daß der Times Square, zwischen der 42. und der 47. Straße, zur Fußgängerzone umgestaltet werden soll. Man stelle sich vor, eine Fußgängerzone, Inbegriff der miefigen Provinz, in New York! Es dauerte dann auch nur ein paar Wochen, bis das Areal für den Autoverkehr gesperrt wurde. Und siehe da: Wo es einst für Passanten kaum ein Durchkommen gab, machen es sich nun die Menschen auf Plastikstühlen gemütlich und fühlen sich sichtlich wohl dabei. Seit jenem Tag, als ich all die mitten auf dem Times Square in der Sonne sitzenden Metropolenbewohner sah, warte ich auf den Morgen, an dem im deutschen Feuilleton zu lesen sein wird, daß Big Apple in tiefster Provinzialität versunken sei.

Die vierte Macht im Staate

Im ersten Akt des *Rosenkavalier*, in dessen Zentrum das große Lever der Marschallin, der Morgenempfang steht, der das Aufstehen und Toilettemachen dieser Grande Dame begleitet, wird der Zuschauer Zeuge einer aufschlußreichen Szene. Die Marschallin hat die Nacht mit ihrem jungen Liebhaber verbracht und wird nun frisiert, um in die Messe zu gehen. Währenddessen trägt ihr ein Sänger eine Arie vor, Lieferanten breiten Stoffe aus, Besuche werden angenommen, der Schneider erscheint mit einer neuen Robe. Die Marschallin, die wir als eine Frau von vollendetem Geschmack erleben, scheut sich aber nicht, bei dieser Gelegenheit auch ein italienisches Intrigantenpaar zu empfangen: Annina und Valzacchi, die Herausgeber eines Periodikums, das sie der Fürstin mitgebracht haben. Die *Swarze Seitung* hat Hugo von Hofmannsthal dieses tatsächlich rabenschwarze Sensations- und Enthüllungsorgan genannt.

Natürlich ist der Marschallin die *Swarze Seitung* odiös, wie sie es ausdrücken würde, aber sie liest sie eben doch. Und wer lebt, der sie verurteilen dürfte? Wohnt nicht in uns allen, in tiefster Seele verschanzt, ein Stückchen Vulgarität, dem keine Moral und kein Geschmack die Blutzufuhr abzuschnüren vermögen? Wie eine mit einem Fetzen Fleisch wild gemachte Hundemeute empfangen wir die Signale, wenn es gilt, einen Menschen vor aller Augen zu hetzen, bis er erledigt ist. Wir spüren genau, wenn sich die gespielte Sachlichkeit der Berichterstattung allmählich verliert, weil der Augenblick einer Hinrichtung naht. Mit Abscheu wenden wir uns von der rücksichtslosen Entblößung so mancher Peinlichkeit ab, um sie insgeheim um so gieriger aufzusaugen. Und wir erfüllen damit sogar noch eine gewichtige demokratische Pflicht: »Man muß sich ja informieren«, heißt das jeden Tag vielmals ausgesprochene Gesetz unserer seelischen Hygiene.

Die *Swarze Seitung* aus dem *Rosenkavalier* ist im achtzehnten Jahrhundert zu Hause, zur Zeit Maria Theresias, als die Macht der Presse sich, ausgehend von Frankreich, zügig zu entwickeln begann. Voltaire und Rousseau, die beiden Todfeinde, waren gleichermaßen Geburtshelfer eines von Anfang an großen, ja herkulischen Säuglings, der schon in der Wiege die Schlangen des Ancien Régime zu würgen imstande war: Gemeint ist die *opinion publique,* die öffentliche Meinung, die keinesfalls mit der Meinung der Öffentlichkeit oder gar der Mehrheit des Volkes zu verwechseln ist.

Erinnern wir uns an ein Beispiel der jüngsten Vergangenheit: Als Papst Johannes Paul II. starb, wurde auf allen Fernsehkanälen und in fast allen deutschen Zeitungen unablässig und widerspruchslos und ohne den Versuch zu unternehmen, diese Aussage irgendwie zu begründen, behauptet, der große Fleck auf seinem Pontifikat bestehe darin, daß er das Recht der Frauen mit Füßen getreten habe; zugleich sah man auf dem Petersplatz Zehntausende von jungen Frauen, die beim sterbenden Papst sein wollten und sich von ihm offenbar keineswegs geschändet und gedemütigt fühlten. Da war der Unterschied zwischen der öffentlichen Meinung und der Meinung einer überwältigenden Menge oft sogar in ein und derselben Sendung deutlich mit Händen zu greifen.

Die öffentliche Meinung ist inzwischen nicht nur ein Machtfaktor, sie ist zu einer regelrechten Instanz der Machtausübung im Staat geworden. Im Grundgesetz der Bundesrepublik Deutschland ist der Presse zwar nur die Freiheit von staatlicher Zensur zugesichert, aber eigentlich hätte sie, wie viele es auch schon formuliert haben, ein Anrecht, als vierte Staatsgewalt genannt zu werden. Wir müssen uns nicht den Kopf der Verfassungsrechtler zerbrechen, die es sehr schwer haben würden, die Medien in den Rahmen einer vierten Staatsgewalt einzupassen. Die Macht der Medien besteht ja gerade in ihrer Ungreifbarkeit: in ihrem Anrecht, moralisch empört zu sein und zugleich das prägende Recht jeder Moral auf das öffentliche Leben zu leugnen, parteiisch zu sein, aber jede Verantwortung von sich weisen zu dürfen, ein Recht, sich an alles zu erinnern und alles zu vergessen, zugleich Regierung und Opposition zu sein, alles verzeihend und rachsüchtig, tollkühne »J'accuse!«-Attacken zu reiten und schmählichen Opportunismus zu pflegen.

Vor einiger Zeit bin ich gefragt worden, ob ich nicht anläßlich der Verleihung eines Preises für Nachwuchsjournalisten einen Vortrag zu einem Thema halten könnte, das ich in meinem Buch *Manieren* ausgeklammert hätte: Manieren in der deutschen Medienlandschaft. Ich habe es mit gutem Grund ausgeklammert: Denn wollen wir überhaupt Manieren in den Medien? Was würden wir tun ohne die *Swarze Seitung,* die den meisten unserer Presseorgane und Fernsehsendern in keineswegs homöopathischen Dosen beigemischt ist? Würde eine manierliche Presse nicht um einiges langweiliger sein als eine unmanierliche?

Ich habe selbst viele Jahre als Journalist gearbeitet und dabei gelegentlich Kollegen erlebt, die für ihren zupackenden und bisweilen respektlosen Umgang mit Politikern und Amtsträgern berüchtigt waren und gleichwohl im Privaten vollendete Umgangsformen an den Tag legten. Viele Dinge, die im Privatleben als selbstverständlich gelten, Dezenz und Zurückhaltung, Bescheidenheit und Höflichkeit, vertragen sich schlecht mit den beruflichen Anforderungen, die an einen, wie es heißt, »Vollblutjournalisten« gestellt werden. Im Privatleben etwa gehört es sich unbestritten, daß man in der Unterhaltung über Gegenstände, von denen man nichts versteht, bescheiden den Mund hält. In manierlichen Milieus gilt es keineswegs als Schande, friedlich zu bekennen, daß man von diesem und jenem nichts weiß und sich deshalb gern belehren lassen will.

Ich weiß, für Journalisten ist das nun einmal nicht so ohne weiteres möglich. Es besteht die nicht unberechtigte Sorge, daß Leser und Hörer, die sich von einem soeben nach Afrika versetzten Korrespondenten anhören müßten, er verstehe leider von Ruanda noch zu wenig, um den dortigen Konflikt beurteilen zu können, sich düpiert fühlen würden. Und doch hätte der Mann die lautere

Wahrheit gesprochen. Der Kreis der Europäer, die von sich behaupten können, etwas von Afrika zu verstehen, ist, wie ich versichern kann, sehr klein, und es gehören wenige Journalisten dazu. Aber der Korrespondent muß den Spezialisten spielen, den Alleswisser. Er hat sich im besten Fall Informationen aus dem Internet geholt, er hat in der Bar mit einem alten englischen Kollegen Whisky getrunken, einem Mann, der für seinen Zynismus berühmt ist und sich seit langem weigert, das Hotel zu verlassen, weil er in seinen Voraussagen ohnehin immer recht hat. Er hat mit einem schwarzen Oppositionspolitiker gesprochen, der vorwiegend in London lebt und alles für falsch hält, solange er nicht zurückgerufen wird. So entstehen dann Artikel, aus denen die gelassene Souveränität eines echten Afrika-Kenners spricht. Wenn nicht einmal der CIA einen Irak-Spezialisten mit Arabisch-Kenntnissen besaß, dann brauchen sich auch Fernsehkorrespondenten nicht mit der Landessprache abzuplagen. Und haben sie nicht recht? Je genauer man einen Gegenstand kennt, desto schwieriger wird es, darüber wie aus der Pistole geschossen zu urteilen. Das Urteilen wird dann oft sogar ganz unmöglich. Die Wirklichkeit ist kompliziert und meist nicht in einen knappen zündenden Artikel oder einen brillant erscheinenden Kommentar zu pressen.

Und dann gilt es auch den Redaktionsalltag zu bedenken. Wie häufig muß nicht ganz einfach nur irgendein Artikel her, um auf ein Geschehen zu reagieren und nicht als einzige Zeitung dazustehen, die nichts zu der Sache im Blatt hat? In den Redaktionen werden Kollegen begreiflicherweise hochgeschätzt, die aus dem Stand einen Susan-Sontag-Nachruf schreiben können, ohne irgend etwas von dieser Autorin gelesen zu haben, oder die in der Not einen Einstein-Artikel von irgendwo anders in einen originellen eigenen amüsanten Einstein-Artikel umzugießen verstehen. Wer wollte hier tadeln? Eine Zeitung ist eben auch ein großer Zirkus, bei dem, wenn der Seiltänzer abstürzt, die Liliputaner die Arena stürmen müssen. Bluff muß sein. Aber vom Standpunkt der Manieren gegenüber dem Publikum wäre es vielleicht doch schön, wenn die Miene beim Bluffen ein klein wenig bescheidener, weniger selbstgewiß, weniger auftrumpfend, von mir aus ein wenig selbstironisch oder fragend oder spielerisch ausfallen könnte als bei den Arbeiten, hinter denen sorgfältige Recherche und solides Wissen stehen.

Ich überlegte lange, ob ich den Vortrag zum Thema Manieren in den deutschen Medien halten sollte, und entschied mich dann schließlich doch dafür. Wenn einem – was selten genug ist – die Gelegenheit gegeben wird, namhafte Repräsentanten des deutschen Journalismus für das Thema Manieren zu sensibilisieren, darf man diese nicht ausschlagen. »Du bist absolut. Ich hingegen habe geruht, mir eine Verfassung zu geben«, schrieb einst Thomas Mann an seinen Bruder Heinrich. Und ebenso wie die Frage nach der persönlichen Verfassung eines Menschen erlaubt ist, muß es die Frage sein, ob die Medien in der Lage sind, sich selbst zu beherrschen. Eine Frage, die heute von erheblich größerer Bedeutung ist als noch bei der *Swarzen Seitung*, die zwar schon ihre Krallen zeigte, aber noch lange keine Tigerin war. Gewiß, die grobe und verleumderische, die laute und freche Sprache vieler Medien – keineswegs nur in Deutschland – hört nicht auf, uns anzuziehen. Aber ebenso wie es im Jahrhundert der Marschallin ein Unterschied war, ob ein betrunkenes Fischweib auf der Gasse herumlästerte oder ob ein Autor aus dem Kreis eines Robespierre dieselben Worte am Schreibtisch niederschrieb und in riesiger Auflage verbreitete, ist es vielleicht auch für uns noch erheblich, ob die Medien als unbestreitbarer Machtfaktor imstande sind, sich einer Konstitution zu unterwerfen, die über den minimalen Anspruch der Redlichkeit und der Wahrhaftigkeit hinausgeht.

Ich habe einige Jahre meines Lebens in England verbracht, und ich kann sagen: Verglichen mit der Regenbogenpresse in Großbritannien, die keinerlei Zügel zu kennen scheint, nimmt sich das deutsche Zeitungswesen wie ein Karmelitinnenkloster aus. Die deutschen Medien zeichnet eine Eigentümlichkeit aus, die sie als kostbaren Schatz hüten sollten. Ich weiß nicht, ob es jemals eine ausdrückliche Übereinkunft in dieser Hinsicht gegeben hat oder ob es sich, was noch bewundernswerter wäre, um einen stillschweigenden Konsensus handelt: von der Privatsphäre, dem Familienleben, den sexuellen Gewohnheiten der Politiker so wenig wie überhaupt möglich zu berichten. In Deutschland werden die Brüste einer Ministermätresse nur veröffentlicht, wenn sie selber darauf besteht. Leider scheint es in jüngerer Vergangenheit immer mehr Politiker zu geben, die diese für die öffentliche Atmosphäre so heilsame Diskretion nicht zu schätzen wissen und sich von mehr öffentlichem Licht auf ihr Privatleben Vorteile versprechen. Das sollte die deutschen Medien aber nicht an ihrer Zurückhaltung irre werden lassen. »Wer die Presse einlädt, wenn es im Fahrstuhl des Lebens nach oben geht«, erklärte der Chefredakteur einer großen deutschen Zeitung, »darf sie nicht aussperren, wenn er wieder nach unten fährt.« Mir wäre es lieber, man ließe den Betreffenden auf seinem Weg nach unten still und leise die Hintertreppe nehmen, fernab der Öffentlichkeit. Nicht nur die Privatperson genießt ihr Recht auf Verborgenheit, auch die Öffentlichkeit hat ein Recht darauf, nicht mit jeder Lebenskläglichkeit einer Stichflammenberühmtheit behelligt zu werden.

Gern wird unter den Wünschen an einen verantwortungsbereiten Journalismus das Bedürfnis nach Objektivität der Berichterstattung genannt, und dieses Bedürfnis scheint in Deutschland noch höher angesiedelt zu sein als in manch anderen Ländern. Seit über fünfzig Jahren, seitdem in der Bundesrepublik Fernsehen ausgestrahlt wird, gilt die *Tagesschau* als Inbegriff und höchste Form dessen, was Objektivität im Nachrichtenjournalismus zu leisten vermag. Jahrzehntelang genossen die Sprecher der *Tagesschau* eine Prominenz, von der mancher Kabinettsminister nur träumen konnte, und bis zum heutigen Tag gilt die Verpflichtung als Sprecher der Zwanzig-Uhr-*Tagesschau* als Krönung einer deutschen Nachrichtensprecherkarriere. Der falsch ausgesprochene Name eines irakischen Präsidenten in der Hauptausgabe der *Tagesschau* kann am nächsten Morgen allgemeines Tagesgespräch sein.

Die *Tagesschau* sei keine Sendung, sondern pure Gewohnheit; man könne sie auch in Latein verlesen, verkündete vor einiger Zeit der Geschäftsführer eines privaten Fernsehkanals, der sich über den anhaltenden Erfolg der Konkurrenz ärgerte. Während in allen Sendern und Programmen der sogenannte Teleprompter Einzug gehalten hat, der es den Sprechern ermöglicht, unablässig in die Kamera zu blicken, werden in der *Tagesschau* wie stets die Nachrichten vom Blatt abgelesen. Auch heute noch verkünden manche Nachrichtensprecher ihre Texte, als seien sie Testamentsvollstrecker, die den Willen eines großen Toten vortragen. Und auch heute noch gilt Millionen von Deutschen die Zeit zwischen 20.00 Uhr und 20.15 Uhr als geheiligte Viertelstunde, in der jegliche Störung als Sakrileg erscheint. Wer es hierzulande wagt, in dieser Zeit einen Telefonanruf zu tätigen, dem kann es passieren, daß am anderen Ende der Leitung der Hörer abgenommen, ein zackiges »Tagesschau!« in die Muschel gerufen und sogleich wieder aufgelegt wird.

Aus dem weitverbreiteten Wunsch nach Objektivität spricht so viel Optimismus, daß ich nicht wagen kann, ihn mir zu eigen zu machen. Ich fürchte, objektive Berichterstattung ist nichts anderes als eine Chimäre. Journalisten sind keine leidenschaftslosen Tonbänder und Fotoapparate, und auch die diszipilinierteste Zusammenfassung einer politischen Rede kommt nicht umhin, zu werten und Akzente zu setzen, die der Haltung des Redakteurs entsprechen. Ich meine, es sollte uns genügen, wenn die Medien nicht lügen. Und um die allzu menschliche Neigung, im Gefecht des Tages die Wahrheit zu vernachlässigen, am Zügel zu halten, gibt es ein einziges Mittel: Konkurrenz. Niemand hat bisher ein wirkungsvolleres Mittel zur Kontrolle der Medien ersonnen als eine Vielfalt von Organen, die stark sind und sich möglichst auch in vielen Händen befinden. In einer demokratischen Gesellschaft wie der deutschen, in der es keine staatliche Zensur der Presse zu fürchten gibt, haben die Medien nur vor einer einzigen Instanz Respekt: vor den anderen Medien. Und deshalb muß es diese anderen Medien auch geben. Da es Objektivität in den Medien nun einmal nicht geben kann und auch gar nicht geben soll – eine gute Zeitung hat immer etwas von einem politischen Club –, wäre es angenehm, wenn auch die geschauspielerte Objektivität entfiele.

Die Sprache, in der viele politische Meldungen abgefaßt sind, verrät leider oft genug einen kaum mehr kaschierten Hang zu jener scheinobjektiven Schauspielerei. Zu den gängigen Fachsprachen der Juristen, Ärzte und Ökonomen hat sich längst eine neue gesellt: das Nachrichtendeutsch. Dazu gehören Wendungen wie die von den »gutinformierten Kreisen« oder das mit Grabesmiene ausgesprochene Wort »umstritten«. Wie nobel und distanziert klingt es, einen Mann, den man erledigen möchte, nicht mit scharfen Invektiven zu bedenken, sondern vornehm auf dessen »Umstrittenheit« hinzuweisen.

Zu den großen Tugenden im Privatleben gehört eine Fähigkeit, die in den Medien eine noch größere Rolle spielen sollte: die Fähigkeit, sich entschuldigen zu können. Sich entschuldigen, einen Fehler oder einen Irrtum einzugestehen, scheint schwer zu sein. Bei allfälligen kleinen Fehlern, Vergeßlichkeit und Verwechslungen bekommt man die Entschuldigung noch irgendwie über die Lippen, aber bei wichtigen Fehleinschätzungen scheint die bevorzugte Methode zu sein, so zu tun, als habe man alles, was man noch gestern mit rhetorischem Donner vorgetragen hat, vergessen. Journalisten ahnen wahrscheinlich nicht, wie wohltuend es wirken könnte und wie es ihre Autorität stärken würde, wenn man den Popanz der Unfehlbarkeit aufgäbe und etwa schriebe: »Wir haben uns in der Einschätzung des Irak-Kriegs geirrt«, oder: »Wir haben gegen den Euro gekämpft und müssen jetzt einräumen, daß das ein Fehler war«, oder: »Wir haben den Politiker XY um seinen guten Ruf gebracht und gestehen, daß wir damit zu weit gegangen sind.« Man stelle sich einmal vor, solche und ähnliche Artikel erschienen ganz ohne äußere Veranlassung! Ganz ohne einer drohenden Verurteilung zuvorzukommen, ohne zu einer Gegendarstellung gezwungen worden zu sein! Eine märchenhafte Vorstellung, und doch so leicht zu verwirklichen, ohne die mindeste Vorbereitung.

Ein gewichtiges Korrektiv einer Zeitung ist die von Journalisten gemeinhin belächelte Leserbriefseite. Aber da gibt es nichts zu lächeln. In den deutschen überregionalen Zeitungen – von der Frankfurter *FAZ* bis zur Berliner *taz* – ist die Leserbriefseite ein täglicher fester Bestandteil, und dies mit Fug und Recht: In einer kultivierten Zeitung ist die Leserbriefseite mindestens so interessant wie der redaktionelle Teil. Eine gute Leserbriefseite bringt nicht irgendwelche Jubeladressen, in denen der Redaktion versichert wird, wie fabelhaft richtig sie schon wieder gelegen hat, sondern fundierte Kritik, in der all das Grundlagenwissen zum Vorschein kommt, das der vielbeschäftigte, den Tagesanliegen hingegebene Journalist nicht haben kann und das in einem leicht und unterhaltsam geschriebenen Artikel auch gar nicht oder nur schwer untergebracht werden könnte. Die Kunst einer Leserbriefredaktion, die in seriösen Zeitungen besonders fähigen Redakteuren anvertraut wird, besteht darin, die besten Leser der Zeitung zu solchen Briefen zu ermutigen und ihnen durch einen möglichst unverstümmelten Abdruck ihrer Briefe zu danken, auch wenn das manchmal schwerfallen mag, weil das Eingeständnis eigener Schwäche damit verbunden ist.

Zivilisiertem und berechtigtem Widerspruch Raum zu geben ist für die moralische und ästhetische Gesundheit einer Zeitung genauso wichtig wie für jede andere Form menschlicher Geselligkeit auch. Und wer berechtigten Widerspruch äußert, der darf und sollte sich auch zu erkennen geben. Viele Redakteure wissen davon ein Lied zu singen: Nicht wenige der Zuschriften und Kommentare, die bei ihnen Tag für Tag anonym mit der elektronischen Post eingehen, sind in einem Ton verfaßt, der eine Veröffentlichung gänzlich unmöglich macht. Man tut also gut daran, solche anonymen Zuschriften ungelesen in den Papierkorb zu befördern. Ich verfüge nicht über genug Phantasie, um mir etwas der Leserbriefseite Entsprechendes auch für das Fernsehen vorzustellen, aber es wäre gewiß die Mühe wert, sich ein praktikables Äquivalent auszudenken.

Schlechte Manieren sind oft ein Zeichen für Überheblichkeit und Verblendung, aber gewiß ebensooft auch für Verachtung, und zwar nicht nur der anderen, sondern vor allem der eigenen Person. Ich glaube, daß viele Unarten der Medien einem närrischen Selbstgefühl entspringen, im Staat die Puppen tanzen lassen zu können, viele aber auch ihren Grund darin haben, daß Journalisten die Flüchtigkeit und Substanzlosigkeit ihrer harten Berufsarbeit als quälend empfinden. Wenn Leser sich gegenüber Journalisten im Gespräch über irgendeinen Aufsatz aufregen, werden sie häufig Verständnislosigkeit begegnen. »Das versendet sich« – diese Redensart stammt aus der Fernsehwelt, wird aber auch im Zeitungsmilieu gebraucht. Es scheint, als seien Artikel oder Fernsehbeiträge gemäß dieser Redensart nichts weiter als Spreu im Wind, schon am nächsten Tag vergessen.

Kein Mensch interessiere sich für den Inhalt eines Artikels, heißt es in frustrierten Journalistenkreisen, haften bleibe nur, ob er lang gewesen und ob ein Foto dabeigewesen sei. In Magazinen mit Fotos tragen die Artikel einen aufschlußreichen Titel: Das sind die »Grauwerte«, ohne die ein wirkungsvolles Layout rätselhafterweise nicht recht gelingen will. Wer so von der eigenen Arbeit denkt, hat es natürlich schwer, sich bei ihrer Ausübung an irgendwelchen hinderlichen Prinzipien zu orientieren, und seien es nur Manieren. Die unbestreitbare Kurzlebigkeit der allermeisten Medien-Hervorbringungen hat freilich inzwischen ein Ende gefunden, das alle in diesem Gewerbe Tätigen nachdenklich machen sollte: Der Artikel, in den einst die Heringe eingewickelt wurden, ist nun dank elektronischer Archive bis in eine neue Steinzeit hinein abrufbar. Müßte diese Aussicht nicht eine neue Begeisterung für die journalistische Tagesarbeit wecken?

Nicht jeder vermag im Umgang mit den Medien die olympischgelassene Haltung eines Gottfried Benn einzunehmen, der einst einem Journalisten schrieb: »Über mich können Sie schreiben, daß ich Kommandant in Dachau war oder mit Stubenfliegen Geschlechtsverkehr ausübe, von mir werden Sie keine Entgegnung vernehmen.« Gelegentlich wurde mir von Journalisten in Deutschland, nachdem ich von anderen öffentlich kritisiert worden war, die Frage gestellt: »Fühlen Sie sich von den deutschen Medien gerecht behandelt?« Ich höre in dieser Frage einen subtilen Unterton mitschwingen, als stünde einem Deutschen äthiopischer Herkunft eine Sonderbehandlung zu, eine Art Schonung, die ein Deutscher aus Wanne-Eickel nicht für sich in Anspruch nehmen könnte. Mir fällt darauf nur eine passende Antwort ein. Im sächsischen Dialekt werden die Medien »Määdschen« ausgesprochen. Und die »Mädchen« haben sich zu mir, das kann ich beteuern, zu allen Zeiten ganz entzückend betragen.

Draußen nur Kännchen

Irgendwann zwischen dem sechsten und neunten Jahrhundert nach Christus lebte unweit dem Dorf Bonga im Königreich Kaffa, im äthiopischen Hochland gelegen, ein Viehhirte namens Kaldi, der seine Ziegenherde zu einem neuen Weidegrund führte. Als er eines Nachmittags im Schatten eines Baumes eine Ruhepause einlegte, übermannte ihn der Schlaf, und wie er die Augen aufmachte, waren seine Ziegen verschwunden. Er hatte Glück im Unglück, wenig später fand er die entlaufenen Tiere in einem dunklen Waldstück wieder. Aber was war mit ihnen geschehen? Wie Derwische tanzten sie meckernd um einen Busch, von dessen Blättern und dunkelroten Früchten sie anscheinend gefressen hatten. Der Hirte versuchte sie wegzutreiben, doch seine tollgewordenen Tiere wollten von ihrem Futter nicht lassen. Also kostete auch Kaldi von den Blättern und Beeren: Das Blattwerk schmeckte bitter und das Fruchtfleisch leicht süßlich. Und wenig später begann der Hirte wie seine Ziegen von den Früchten berauscht im Wald hin und her zu springen. Kaldi stopfte sich die Taschen voll Beeren und brachte sie zu seiner Frau. Die wiederum schickte ihn damit zu den Mönchen ins benachbarte Kloster. Als die Mönche Kaldis Geschichte hörten, warfen sie die Früchte ins Feuer. Hier mußte der Teufel seine Finger im Spiel haben, soviel schien gewiß. Aber es dauerte nicht lange, bis sich auf dem Gelände des Klosters ein göttlicher Duft verbreitete und den Mönchen in die Nase stieg. Schnell wurden die halbverbrannten Bohnen aus dem Feuer geholt, zerstampft und mit Wasser bedeckt, damit sich der göttliche Geist nicht verflüchtige. Und in der darauffolgenden Nacht kosteten die Mönche von dem schwarzen Gebräu, das bald ein unverzichtbarer Begleiter ihrer nächtlichen Gebete wurde.

Ein jeder Äthiopier kennt die Geschichte vom Viehjungen Kaldi und seiner Entdeckung des äthiopischen Nationalgetränks: des Kaffees. Daß der *Coffea arabica* keineswegs aus Arabien, sondern vom äthiopischen Hochland aus seinen Siegeszug rund um die Welt angetreten hat, gilt heute unter Botanikern als erwiesen. Sämtliche Sträucher des *Coffea arabica* (der aromatischsten und vornehmsten Kaffeefrucht) – egal ob in Mexiko, Costa Rica, Venezuela, Bolivien, Peru oder Kenia – stammen von jenen wilden Kaffeepflanzen aus der Region Kaffa ab. Arabische Händler brachten sie zunächst nach Jemen, von wo aus sie sich in der muslimischen Welt verbreiteten. In Aleppo, Konstantinopel, Bagdad und Damaskus entstanden Kaffeehäuser, und europäische Orientreisende trugen die Kunde von jenem Getränk, das schwarz war wie Tinte, nach Europa. Bald darauf eröffneten die ersten Kaffeehäuser in Venedig und London, in Marseille und Amsterdam, in Wien und in Leipzig.

Die Zubereitung des Kaffees – oder *bunna,* wie er auf amharisch genannt wird – ist in meiner äthiopischen Heimat Teil eines feierlichen Rituals, das sich über mehrere Stunden erstrecken kann. Und egal, ob man bei einem Bauern in einer Rundhütte oder in einem Herzogspalast zu Gast ist, immer vollzieht sich die Kaffeezeremonie nach den gleichen festen Regeln. Die Frau des Hauses und Zeremonienmeisterin, gehüllt in die traditionelle weiße Tracht, die *shamma,* legt den Boden mit grünen Zweigen aus. Anschließend entzündet sie ein Holzkohlefeuer und wirft Weihrauch in die Glut. Sie fächelt den um das Feuer versammelten Gästen den Rauch zu, der die bösen Geister vertreiben soll. Dann beginnt die Phase des Kaffeeröstens: Die rohen Kaffeebohnen werden in einem Pfännchen über der Glut hin und her geschwenkt, unermüdlich im immergleichen Rhythmus, bis sie zu knistern und knacken beginnen. Die Zeremonienmeisterin nimmt die Pfanne mit den gerösteten Bohnen, aus der feinduftender Rauch aufsteigt, und hält sie unter Verbeugungen einem Gast nach dem andern vors Gesicht. Auf einem Tablett stehen schon die Kaffeetassen bereit, während die Bohnen in einem Mörser zerstoßen werden. Dann gibt die Gastgeberin das Pulver in eine Kanne, füllt diese mit Wasser auf und läßt den Kaffee über dem Feuer aufkochen. In einem langen Strahl ergießt sich der dampfende Kaffee in die Tassen auf dem Tablett, von dem sich die Gäste bedienen. Manchmal folgt dem ersten Kaffeeaufguß noch ein zweiter, dritter und vierter, und so verfliegen beim gemeinsamen Kaffee die Stunden.

Ich muß diese ein wenig nostalgischen Betrachtungen vorausschicken, wenn ich auf meine Erfahrungen mit der deutschen Kultur des Kaffeetrinkens zu sprechen komme. Daß die Deutschen geradezu leidenschaftliche Kaffeetrinker seien, hatte sich in meiner Kindheit bis nach Addis Abeba herumgesprochen – zumindest sprachen davon meine Lehrer an der Deutschen Schule. Wenn man den Statistiken Glauben schenken darf, wurde (und wird) in Deutschland sogar mehr Kaffee getrunken als Bier. War es daher nicht allzu verständlich, wenn ich bei meiner Ankunft in Deutschland eine Kaffeekultur erwartete, die jener in meiner Heimat in etwa entsprach?

Rasch holte mich die Ernüchterung ein, und sie war durchschlagend. Die äthiopische Art der Kaffeezubereitung war hier gänzlich unbekannt, statt dessen gab es deutschen Filterkaffee. Wer im Jahr 1968 in einem deutschen Lokal Kaffee verlangte, dem konnte es durchaus passieren, daß der Bestellung die Nachfrage folgte: »Bohnenkaffee?« Ich könne von Glück reden, daß ich nicht ein Jahrzehnt vorher nach Deutschland gekommen sei, erklärten mir Wohlmeinende, in einer Zeit, als auf vielen Getränkekarten lediglich Muckefuck, Kathreiners Malzkaffee und Zichorienkaffee zu finden gewesen seien. Mit der Zeit lernte ich, mich mit dem deutschen Filterkaffee zu arrangieren. Freilich, es galt, auf der Hut zu sein! Vernahm man am Hotelfrühstückstisch aus der Küche das Blubbern und Röcheln der verkalkten Kaffeemaschine, konnte man zumindest davon ausgehen, daß der Kaffee frisch gebrüht wurde. Sah man dagegen den Kaffee, überzogen von einem öligen Film, in einer Glaskanne auf der Wärmeplatte vor sich hin schmoren, tat man gut daran, auf

Tee umzuschwenken. Es gibt Erfahrungen, die man nur einmal im Leben am eigenen Leib machen muß; dazu gehört gewiß jene, daß sich ein so köstlicher Trunk wie Kaffee in einer halben Stunde auf der elektrischen Platte in ein tückisches magenzersetzendes Gift verwandelt.

Ein prägendes Erlebnis im Zusammenhang mit den deutschen Kaffeesitten trug sich kurz nach meiner Ankunft in Deutschland in Tübingen auf der Terrasse des Café Pfuderer zu. Es war ein sonniger Spätsommernachmittag, auf dem Marktplatz herrschte emsiges Treiben, und ich schätzte mich glücklich, einen freigewordenen Tisch mit Blick auf den Neptunbrunnen ergattert zu haben. Das Café Pfuderer – heute trägt es den Namen Ranitzky – galt damals als Tübinger Institution. Meine Kommilitonen hatten von den köstlichen Kuchen geschwärmt, die dort serviert wurden, und noch mehr von der Schönheit der Kellnerinnen, die suche ihresgleichen in ganz Tübingen und weit darüber hinaus. Ich studierte die Karte mit den angebotenen Speisen und Getränken, neben »Bohnenkaffee« stand dort auch »Kaffee Hag«. Als die Bedienung – sie war tatsächlich so zauberhaft, wie mir es meine Kommilitonen verheißen hatten – mit Bestellblock und gezücktem Bleistift vor mir stand, bestellte ich eine Tasse Kaffee. Und da hörte ich zum ersten Mal jene drei Worte, die mir später noch so oft begegnen sollten: »Draußen nur Kännchen!« Ich sah die Kellnerin fragend an, da ich nicht verstand, was sie mir damit sagen wollte. Und sie wiederholte den Satz, ein wenig lauter und mit Nachdruck in ihrer Stimme: »Draußen nur Kännchen!« – »Warum?« fragte ich ungläubig. »Des ischt halt so!«, erhielt ich zur Antwort. Die Höflichkeit und die Unsicherheit des Gastes verboten es, hier nachzubohren, und ich ließ die Sache auf sich beruhen. Still saß ich an jenem Nachmittag auf dem Tübinger Marktplatz vor meinem Kännchen Kaffee, sah dem im Licht der tiefstehenden Sonne fallenden Laub zu und dachte mit leiser Wehmut an die traditionelle Kaffeezeremonie in meiner äthiopischen Heimat.

Als ich die drei Worte »Draußen nur Kännchen!« ein paar Wochen später ein zweites Mal hörte, beschloß ich, der Sache auf den Grund zu gehen. Ich sprach mit dem Inhaber des Cafés, der sich damit rechtfertigte, der Aufwand für einen Kellner, eine einzelne Tasse vom Lokal nach draußen zu tragen, sei schlicht und einfach zu groß. Und so, stellte ich fest, dachte man nicht nur im Café Pfuderer, sondern in den allermeisten Cafés an Neckar, Rhein und Main. Es stand mir als Fremdem nicht an, deutsche Kellner und Cafébesitzer zu einer Gastfreundlichkeit nach afrikanischen Maßstäben erziehen zu wollen, also beschloß ich, mich damit abzufinden. Und irgendwann gehörte »Draußen nur Kännchen!« für mich ebenso selbstverständlich zur deutschen Kaffeekultur wie das weiße Portionskännchen aus Porzellan, in dem der Kaffee auf der Terrasse serviert wurde.

Und ich bestaunte den europäischen Geist der Effizienz, der dem Kaffee das Zeremonielle ausgetrieben und aus ihm ein Getränk gemacht hatte, das vor allem der Disziplin auf den Sprung helfen sollte. Die Kaffeepause, die in meiner Heimat einige Stunden in Anspruch nehmen konnte, war hier eine Sache von Minuten, und oft nahm man sich nicht einmal die Zeit, sich dafür hinzusetzen. Nicht das Zuhören und Plauschen stand hier im Vordergrund, sondern die Stärkung im Nebenbei – um sich geschwind wieder den Aufgaben des Tages zuwenden zu können. Wahrscheinlich hat es kein zweiter so treffend formuliert wie der Dichter Balzac, dessen riesiges Romangebirge der *Menschlichen Komödie* sich in nicht unerheblichem Maße dem Kaffee verdankt: »Der Kaffee gleitet hinab in den Magen, und dann gerät alles in Bewegung; die Ideen rücken an wie Bataillone der großen Armee auf dem Schlachtfeld; der Kampf beginnt. Erinnerungen treffen im Sturmschritt ein als Fähnriche des Aufmarsches. Die leichte Kavallerie entwickelt sich in einem prachtvollen Galopp. Die Artillerie der Logik braust heran mit ihrem Train und ihren Kartuschen. Die geistreichen Einfälle greifen als Tirailleurs ins Gefecht ein. Die Gestalten kostümieren sich, das

Papier bedeckt sich mit Tinte, die Schlacht hebt an und endet unter Strömen schwarzer Flut, so wie die wirkliche Feldschlacht in schwarzem Pulverrauch ertrinkt.« 50 000 Tassen Kaffee von aufpeitschender Schwärze und Stärke soll Balzac im Laufe der Jahre während seiner schriftstellerischen Nachtsitzungen konsumiert haben. *Cui bono?* Der Kaffee habe Balzacs urgesundes Herz vorzeitig zum Bersten gebracht, so der Befund Stefan Zweigs in dessen Balzac-Biographie.

Kaffee als Aufputschmittel, eingenommen im Vorübergehen – *to go*, wie es neudeutsch heißt –, dies scheint heute in Deutschland fast überall zur Gewohnheit geworden. Die Wiener Kaffeehauskultur mit ihrer Gemächlichkeit ist, aus welchen Gründen auch immer, in Deutschland nie richtig heimisch geworden. Hie und da hat sich nördlich der Alpen der Kaffeeklatsch bewahrt, wenn auch bevorzugt beim weiblichen Geschlecht, daher auch Damenkränzchen genannt. Rar sind die Gegenden, wo sich Männer und Frauen gemeinsam zum Kaffee zusammenfinden. Zum Klönschnack im Norden Deutschlands etwa wird statt Kaffee meist Tee gereicht. Doch gibt es eine Region in Deutschland, in der das Kaffeetrinken seit je eine besondere Rolle spielt: Ich spreche von Sachsen, dessen Einwohner nicht von ungefähr mit dem Spitznamen »Kaffeesachsen« tituliert wurden. Und jedesmal, wenn ich in Dresden oder Leipzig zu Gast bin, erscheint mir die Ruhe und Gelassenheit, mit der man sich dort dem Kaffeetrinken hingibt, als ein Bollwerk gegen den vorherrschenden geschäftigen und ein wenig würdelosen Kaffeekonsum. »Mir drink'n unsern Gaffee hejs und sieße«, heißt es hier, und man nimmt sich Zeit dafür.

Angeblich erhielten die Sachsen den Namen »Kaffeesachsen« von Friedrich dem Großen zur Zeit des Siebenjährigen Krieges, nachdem Preußen im Jahr 1756 Sachsen besetzt und dessen Truppen in seine Dienste gepreßt hatte. »Ohne Gaffee gönn mer nich gämpfn!« erklärten die sächsischen Soldaten dem preußischen König, eine durchtriebene Strategie militärischer Befehlsverweigerung.

Binnen Jahresfrist hatte sich das Gros der gedungenen Truppen dem Kriegsdienst durch Fahnenflucht entzogen. In Leipzig öffnete 1694 das Kaffeehaus »Zum Arabischen Coffe Baum« – das älteste Deutschlands, und es existiert bis zum heutigen Tage. Im Leipziger Zimmermannschen Kaffeehaus war es, wo in den dreißiger Jahren des achtzehnten Jahrhunderts Johann Sebastian Bachs berühmte »Kaffeekantate« zur Uraufführung kam. »Ei, wie schmeckt der Coffee süße, / Lieblicher als tausend Küsse, / Milder als Muskatenwein. / Coffee, Coffee muß ich haben, / Und wenn jemand mich will laben, / Ach, so schenkt mir Coffee ein!« singt darin das lose Töchterchen Liesgen, dessen strenger Vater Herr Schlendrian ihren übermäßigen Kaffeekonsum tadelt. Drei Tassen am Tag, erklärt Vater Schlendrian, sei das Maß, das genügen möge.

Auch das Porzellankännchen verdankt sich bekanntlich den Sachsen. In der Stadt Meißen steht die Wiege des europäischen Porzellans, das bald in ganz Europa zum unverzichtbaren Requisit jeder Kaffeetafel avancierte. Als ich die Geschichte von dessen Erfindung zum ersten Mal hörte, erschien sie mir wie ein abenteuerliches Märchen von Wilhelm Hauff. Heute weiß ich, daß sich Derartiges nur im barocken Deutschland des achtzehnten Jahrhunderts zutragen konnte, zu einer Zeit, als Wissenschaftler und Fürsten in Europa noch an die Möglichkeit glaubten, einfaches Metall in Gold zu verwandeln, und sich Sachsen und Preußen einen Wettstreit um die Vorherrschaft im Norden und Osten des Heiligen Römischen Reiches Deutscher Nation lieferten.

In Dresden residierte damals der sächsische Kurfürst August der Starke, der seinen Beinamen nicht heroischen kriegerischen Taten, sondern seiner enormen Körperkraft verdankte: Hufeisen brach er entzwei, silberne Tabletts rollte er zusammen, alles mit seinen bloßen Händen. Legendär war zudem seine Manneskraft, wenn auch die Zahl von dreihundertvierundfünfzig unehelichen Kindern, die ihm sein Patenkind Wilhelmine von Bayreuth zuschrieb, übertrieben sein mag. Sein Hofstaat war prunkvoll, die Riege seiner Mätressen zahlreich; um Polens Kirche und Adel dazu zu bewegen, ihn zum polnischen König zu wählen, hatte er den katholischen Glauben angenommen und seinen Staatsschatz dareingegeben. Nach der Königswürde strebte auch der brandenburgische Kurfürst Friedrich III. Im Januar 1701 ließ er sich in Königsberg als Friedrich I. zum König in Preußen wählen. Eintausendachthundert Kutschen rollten in jenen Tagen von Berlin nach Königsberg, darin die kurfürstliche Familie samt Gepäck und Gefolge. Die Straßen der Ortschaften, durch die sie zogen, waren mit Tuch ausgelegt und mit Fackeln geschmückt. In Königsberg setzte sich Friedrich I., gehüllt in ein scharlachrot-goldenes mit Diamanten besetztes Gewand und einen Hermelinmantel, höchstselbst die Krone auf, auf der Dutzende von Diamanten funkelten. Die Ausgaben für die Zeremonie und die Krönungsfeierlichkeiten sollen in etwa das Doppelte der jährlichen Einnahmen des Kurfürsten betragen haben. Ein Goldmacher wäre also auch dem Hohenzollern gerade recht gekommen.

Der Ruf, ein solcher zu sein, ging dem aus dem thüringischen Schleiz stammenden Johann Friedrich Böttger voraus, der in Berlin eine Apothekerlehre absolviert hatte. Öffentlich hatte er sich seiner alchimistischen Fähigkeiten gerühmt, doch einer Vorladung durch den preußischen König entzog er sich durch seine Flucht über die Grenze nach Sachsen. Friedrich I. schickte ihm Soldaten hinterher, die Böttger in Wittenberg stellten. Doch in Sachsen hatte bereits August der Starke von dem vermeintlichen Alchimisten erfahren – und nahm diesen mitsamt den preußischen Soldaten gefangen. Ein Akt, der die diplomatischen Beziehungen beider Länder bis zum äußersten spannte.

Der sächsische Kurfürst richtete Böttger ein Labor ein, in dem dieser unter Androhung des Todes seine Fähigkeiten unter Beweis stellen sollte, zuerst im kurfürstlichen Schloß in Dresden, dann in der Albrechtsburg in Meißen, streng bewacht von Hunderten von Soldaten. Brennöfen und Bibliotheken, Bergknappen aus Freiberg, Metallurgen und Bergräte standen dem Apothekergehilfen zur Verfügung, doch aus dem Metall wollte kein Gold werden. Zu seiner Rettung erwuchs Böttger schließlich der Leiter des kurfürstlichen Laboratoriums, Ehrenfried Walther von Tschirnhaus, der schon seit Jahren an der Herstellung nicht des gelben Goldes arbeitete, sondern des sogenannten weißen Goldes: des Porzellans.

Nach Porzellan, seit mehr als tausend Jahren in China in Gebrauch, sehnten sich die deutschen und europäischen Fürstenhöfe des Barock fast so sehr wie nach Gold, und keiner mehr als August der Starke, er selbst sprach von seiner *maladie de porcelaine*. Mit vereinten Kräften gelang Böttger und Tschirnhaus dann, zum ersten Mal in Europa, zunächst die Herstellung von rotem Porzellan, schließlich auch die von weißem Hartporzellan. Und im Jahr 1710 eröffnete auf der Albrechtsburg die »Königlich-Polnische und Kurfürstlich-Sächsische Porzellan-Manufaktur«.

Man hätte davon ausgehen können, daß der glorreiche Erfolg dem Erfinder Johann Friedrich Böttger Ruhm, Glück oder doch zumindest die Freiheit einbrachte – weit gefehlt! Jetzt galt es ihn erst recht festzuhalten, um zu verhindern, daß das Geheimnis der Herstellung des Porzellans allgemein bekannt würde – zu lukrativ waren die Einnahmen, die das Monopol erbrachte. Allen Vorkehrungen zum Trotz: Ein Meißener Arkanist schmuggelte die Rezeptur nach Wien, und es dauerte nicht lange, bis in St. Petersburg, Sèvres und Nymphenburg fürstliche Porzellanmanufakturen eröffneten.

In der Meißener Porzellan-Manufaktur entstanden kostbare Pretiosen, und nicht nur das. Soll man August den Starken dafür tadeln, daß er im Jahr 1717 in einem Tauschgeschäft mit Friedrich Wilhelm I., der vier Jahre zuvor auf den preußischen Thron gelangt war, hunderteinundfünfzig kostbare Gefäße aus chinesischem Porzellan der Kangxi-Zeit erwarb und dem Soldatenkönig dafür sechshundert sächsische Landeskinder inklusive Pferden und Ausrüstung als Dragoner-Regiment überließ? Der Kampf mit Preußen um die militärische Vormachtstellung ging für die Sachsen, die lieber Kaffee tranken als Kriege führten, verloren, aber darüber müssen sie sich gewiß nicht grämen. Die Dresdner Porzellansammlung, die Wunderkammer des Grünen Gewölbes, der Zwinger, die Frauenkirche, das Taschenbergpalais und Schloß Pillnitz: All dies entstand auf Geheiß August des Starken, und dessen Sohn Friedrich August I. erwies sich als ein ebenso kunstsinniger Regent. In ganz Europa ließ er seine Agenten ausschwärmen, um seine Gemäldesammlung mit Werken der größten Maler Europas zu bestücken: mit Bildern von Rubens, Tizian, Tintoretto, Vermeer, Velázquez, und Raffael, dessen Sixtinische Madonna zum Herzstück der Dresdner Gemäldesammlung werden sollte. »So muß es in die Geschichte eingehen: die Preußen Soldatenkönige – die Saxer Kunstkönige«, befand Friedrich August I., und nicht anders ist es gekommen. Während Preußen unter dem Soldatenkönig, dem alles höfische Zeremoniell zuwider war, und seinem Sohn Friedrich II. Ruhm und Ehre vor allem im Waffengang suchte, erlebte Sachsens Residenz eine prachtvolle kulturelle Blüte, die der Stadt den Beinamen »Elbflorenz« eintrug. Kein Schlachtenglück der Welt hätte eine solche Pracht aufwiegen können.

Manches davon, was Elbflorenz ausmachte, wurde einige Jahrhunderte später in der Nacht vom 13. zum 14. Februar 1945, beim Bombenangriff der Alliierten auf Dresden, in Schutt und Asche gelegt; doch inzwischen erstrahlen Dresden und Meißen wieder in neuem Glanz. Im Oktober 2005 wurde die wiederaufgebaute Frauenkirche geweiht, und seit 2008 ist die restaurierte Schatzkammer der Wettiner zu bewundern, das berühmte Grüne Gewölbe, Inbegriff Dresdner Pracht und Herrlichkeit. Im neuen Grünen Gewölbe kann man unter all den wunderbaren Kostbarkeiten fürstlichen Glanzes auch Johann Melchior Dinglingers »Pretiosen Coffe Zeug« bestaunen. Der Hofjuwelier August des Starken hatte es in den Jahren zwischen 1697 und 1701 geschaffen, in ebenjenen Jahren, die zwischen der Krönung des sächsischen Kurfürsten und der seines preußischen Gegenspielers liegen. Die Tassen und Gefäße des Kaffeezeugs, aus Gold, Silber, Email und Elfenbein hergestellt, sind mit fünftausendsechshundert Diamanten geschmückt. Ob wohl jemals aus diesen Tassen Kaffee getrunken worden ist?

Dem Porzellan und der abenteuerlichen Geschichte seiner Erfindung wiederum ist in seiner Heimatstadt Meißen ein schönes Museum gewidmet. Zu einer Kaffeetafel eingeladen zu werden, bei der feines Meißener Porzellan zum Einsatz kommt, erscheint mir immer noch eine besondere Ehre – um so mehr, als sie einem immer seltener zuteil wird. Aber auch ein deutscher Kaffeetrinker, der noch nie in seinem Leben mit Meißener Porzellan in Berührung gekommen ist, darf sich seiner Tradition bisweilen verbunden fühlen. Wenn wir heute von Blümchenkaffee sprechen, auf sächsisch auch »Blärre« genannt, geht dies auf Meißen zurück, genauer auf das einst so beliebte Dekor »Gestreute Blümchen«. Wer einst bei gefüllter Kaffeetasse am Boden derselben die aufgemalten Rosen, Kornblumen oder Veilchen ausmachen konnte, der hatte einen »Blümchenkaffee« vor sich. Ließ sich solches noch steigern? Aber gewiß doch. Wem so dünner Kaffee vorgesetzt wurde, daß gar noch die beiden gekreuzten Schwerter, das Markenzeichen der Meißener Porzellanmanufaktur, auf der Unterseite der Tasse durchschienen, dem wurde ein »Schwerterkaffee« serviert.

Die Sachsen dürfen für sich beanspruchen, daß der Filterkaffee ganz und gar ihre Erfindung ist: Die leidenschaftliche Kaffeetrinkerin Melitta Bentz aus Dresden war es, die sich am regelmäßigen Kaffeesatz am Boden der Tasse so störte, daß sie den Kaffeefilter erfand. Dessen Prototyp war denkbar einfach: eine am Boden durchlöcherte Blechdose, in die Melitta Bentz ein Löschblatt aus dem Schulheft ihres Sohnes einrollte. Am 8. Juli 1908 vermeldeten die Patentblätter des Kaiserlichen Patentamtes zu Berlin das neuartige Gerät. Die Entwicklung des entkoffeinierten Kaffees wiederum ist einem Bremer zu verdanken, dem Kaffee- und Kolonialwarenhändler Ludwig Roselius. Dessen Vater war im Alter von neunundfünfzig Jahren überraschend verstorben, und Roselius ließ sich nicht von dem Gedanken abbringen, die Ursache für den frühzeitigen

Tod müsse im übermäßigen Kaffeegenuß liegen. Vier Jahre nach dem Tod des Vaters, 1906, meldete er sein Verfahren, der Kaffeebohne das Koffein zu entziehen, zum Patent an und rief die Kaffee-Handels-Aktien-Gesellschaft, abgekürzt Kaffee HAG, ins Leben, die als erste Firma mit großem Erfolg in der ganzen Welt koffeinfreien Kaffee verkaufte. Der lag gewissermaßen in der Luft, hatte doch Bachs Vater Schlendrian zahlreiche Nachfahren gefunden, welche die Deutschen unablässig mahnten, es mit dem Kaffeetrinken bloß nicht zu übertreiben. Die Parole »Immer unschädlich! Immer bekömmlich!« – die sich auch unschwer mit einem Insektenvertilgungsmittel in Verbindung bringen ließe –, begleitete den nationalen wie internationalen Siegeszug des Kaffee Hag.

In den Zeiten der DDR-Diktatur galt Kaffee als Mangelware, glücklich konnten sich die schätzen, die von Verwandten und Freunden jenseits der Grenze mit Westpaketen versorgt wurden. Als im Jahr 1976 die gestiegenen Weltmarktpreise für Kaffee die DDR-Führung zwangen, die Kaffeeimporte zu drosseln, behalf man sich mit der Einführung eines neuen Produkts mit dem Namen »Kaffee-Mix«. Ich hatte nie Gelegenheit, davon zu kosten, er soll weniger nach Kaffee als nach alten Kartoffeln gerochen haben, und so schmeckte er anscheinend auch. Wohlweislich fehlte auf der Packung ein Hinweis zur Rezeptur. Denn nur zur Hälfte bestand er aus Bohnenkaffee, dazu kamen Zichorie, Zuckerrübenschnitzel und ein Gemisch aus Roggen und Gerste. Dies trieb nicht nur die Kaffeesachsen auf die Barrikaden, sondern auch die Kaffeetrinker in Rostock, Berlin und Karl-Marx-Stadt. Bei den Beschwerdestellen im ganzen Land gingen innerhalb von sechs Monaten vierzehntausend offizielle Eingaben ein. Es dauerte nicht lange, bis »Erichs Krönung«, wie der Mischkaffee im Volksmund genannt wurde, wieder aus dem Sortiment verschwunden war. Den Ausweg aus der Kaffeekrise sollte der DDR dann ausgerechnet mein Heimatland weisen. Äthiopien galt, seitdem dort der Diktator Mengistu Haile Mariam die sozialistische Volksrepublik ausgerufen hatte, der DDR als sozialistisches Bruderland. Das SED-Politbüro in Ostberlin sandte seinen Chefideologen Werner Lamberz nach Addis Abeba, wo dieser mit Mengistu ein Handelsabkommen beschloß, das später unter dem Namen »Blaue gegen braune Bohnen« bekannt wurde. Äthiopien sicherte zu, zehntausend Tonnen Rohkaffee nach Ostberlin zu liefern – im Tausch gegen Waffen, Stahlhelme und Munition. Und bald hoben vom Zentralflughafen Schönefeld aus die ersten Flugzeuge mit Waffen für Äthiopien ab, und vom Rostocker Hafen liefen zahlreiche Schiffe mit militärischem Gerät in Richtung Horn von Afrika aus.

»Mona«, »Rondo Melange«, »Kosta«, wie die Kaffeemarken der DDR hießen, hat der Wind der Geschichte mitsamt dem sozialistischen Staat hinweggeweht. In den letzten zwanzig Jahren hat sich nicht nur die Restaurantszene in Deutschland gewandelt und internationalisiert, sondern auch die Kaffeekultur. Der Filterkaffee hat seine Vorherrschaft verloren, in den Küchen wurde die Kaffeemaschine mit Filteraufsatz und Wärmeplatte von chromblitzenden Espressomaschinen mit Schaumdüse verdrängt. Wer will, kann statt der handelsüblichen Kaffeemischungen aus dem Supermarkt vorzüglichen Kaffee aus allen Anbaugebieten der Welt beziehen, selbstverständlich auch feinsten Hochlandkaffee aus Äthiopien.

Viele der traditionellen, familiengeführten deutschen Cafés und Konditoreien sind aus dem Stadtbild verschwunden, an ihre Stelle sind amerikanische Kaffeehausketten und italienische Espressobars getreten. Statt im Porzellankännchen kommt der Kaffee nun im Pappbecher auf den Tisch oder im Glas serviert als Latte macchiato, Café con leche oder Galão. Manchmal auch als Café au lait in einer großen Schale mit Schaumkrone, die bei mir den Gedanken an eine gefüllte Badewanne auslöst. Egal, ob Glas, Pappbecher oder Schüssel ohne Henkel – allen diesen Gefäßen ist gemein, daß man sich an ihnen leicht die Finger verbrennt.

Die Menge Kaffee, die einem darin serviert wird, ist oft gar nicht geringer als die im traditionellen Porzellankännchen, das doch so perfekt seine Funktion erfüllte: den Kaffee im Freien möglichst lange warmzuhalten. Mir jedenfalls ist ein frischgebrühter Filterkaffee lieber als eine Schale Milch, in der sich der Kaffee zu einer Duftnote verliert. Manchmal, ich gebe es zu, sehne ich mich geradezu zurück nach den Porzellankännchen von einst. Man findet sie noch hier und da, in verwunschenen kleinen Orten, in denen die Zeit stehengeblieben zu sein scheint; in Orten, an denen es noch keine Touristeninformation gibt, sondern allenfalls ein verwaistes Fremdenverkehrsamt. Auf den Tischen der Cafés liegen schwere dunkelgrüne Decken, über ihnen Häkeldeckchen mit Bügelfalte. Die Tische und Stühle dort sind in der Regel nicht aus Plastik, sondern aus grünlackiertem Metall mit Holzauflage. Die großen Speisekarten sind speckig und mit braunem Kunststoff überzogen, der Name des Etablissements darauf ist mit goldener schnörkeliger Schreibschrift gezogen. Und wenn ich heute auf einer solchen Karte den Satz entdecke: »Draußen nur Kännchen!«, durchstrahlt mein Inneres ein Gefühl der Geborgenheit, und ich weiß: Hier bin ich zu Hause.

Süße Sprache Deutsch

Eigentlich wollte der amerikanische Schriftsteller Mark Twain nur ein paar Tage bleiben, als er auf seiner großen Europareise im Mai 1878 nach Heidelberg kam. Er bezog im Schloßhotel, hoch über der Stadt, ein Erkerzimmer mit einer phantastischen Aussicht ins Neckartal. Inmitten von Wogen leuchtendgrünen Laubwerks sah er die rostroten Dächer der Stadt unter sich und die beiden malerischen alten Brücken, die den Fluß umspannten. Gegenüber, auf der anderen Seite des Tals, erhob sich aus dem Gehölz die Ruine des Heidelberger Schlosses mit ihren leeren Fensterbogen, efeuumrankten Zinnen und verwitternden Türmen. Besonders entzückte Mark Twain das Schauspiel, das sich ihm bot, wenn sich die Abendsonne über das Tal senkte und das Schloß mit einer leuchtenden Gischt übergoß, das umgebende Gehölz in tiefe Schatten tauchend: »Ich habe niemals eine Aussicht genossen, die einen so stillen und beglückenden Zauber besessen hätte wie diese.«

Drei Monate hielt der Zauber der Stadt Mark Twain gefangen. Der Dichter unternahm ausgedehnte Wanderungen, studierte die Trink- und Fechtbräuche der Heidelberger Corpsstudenten und nahm Zeichenunterricht. Und er lernte in Heidelberg die deutsche Sprache. Als er – es lagen da wohl schon ein paar Wochen Aufenthalt hinter ihm – einmal die Raritätensammlung des Schlosses besichtigte, sprach er den Kustos auf deutsch an. Sie unterhielten sich eine Weile, dann sagte der Kustos zu ihm: »Ihr Deutsch ist recht seltsam, ich würde es gerne in die Kuriositätensammlung des Museums aufnehmen.« Mark Twain erzählt von dieser Begegnung in seinem Essay »The Awful German Language« (Die schreckliche deutsche Sprache), den er später seinem Buch über die Europareise – es trägt den Titel *A Tramp Abroad* (Bummel durch Europa) – anfügte. Er berichtet in diesem Aufsatz von seinen mühseligen Versuchen des

Deutschlernens. Ein begabter Mann, so Mark Twain, könne Englisch in dreißig Stunden lernen und Französisch in dreißig Tagen – für das Deutsche benötige er dreißig Jahre. Es gebe keine andere Sprache, die dermaßen ungeordnet, unsystematisch, schlüpfrig und alles in allem unfaßbar sei wie die deutsche.

Was bereitete ihm derartiges Kopfzerbrechen? Da sind die komplizierten Flexionsformen der Wörter und die mühsame Unterscheidung von Dativ und Genitiv. Auch moniert er die vielen zusammengesetzten Wörter, die in keinem deutschen Wörterbuch zu finden sind, alphabetische Prozessionen von »Generalstaatsverordnetenversammlungen« über »Kinderbewahrungsanstalten« bis hin zu »Waffenstillstandsunterhandlungen«. Da ist die Geschlechterverwirrung deutscher Substantive: »Ein Baum ist männlich, seine Knospen sind weiblich, seine Blätter sind sächlich; Pferde sind geschlechtslos, Hunde sind männlich, Katzen sind weiblich; jemandes Mund, Hals, Busen, Ellbogen, Finger, Nägel, Füße und Leib gehören dem männlichen Geschlecht an; jemandes Nase, Lippen, Schultern, Brust, Hände, Hüften und Zehen gehören dem weiblichen Geschlecht an; und seine Haare, Ohren, Augen, Kinn, Beine, Knie, Herz und Gewissen haben überhaupt kein Geschlecht.« Um sich all das zu merken, benötige man das Gedächtnis eines Notizbuches. Er beklagt die wuchernde Plage von Adjektiven und Personalpronomen und daß das Verb im Deutschen immer am Ende eines langen Satzes stehe: »Schiller hat die ganze Geschichte des Dreißigjährigen Krieges zwischen die Glieder eines trennbaren Zeitwortes eingezwängt. Das hat sogar Deutschland selbst empört; und man hat Schiller die Erlaubnis verweigert, die Geschichte des hundertjährigen Krieges zu verfassen – Gott sei's gedankt.«

Viele Deutschlernende, insbesondere solche, deren Muttersprache Englisch ist, werden Mark Twains kunstvoll vorgeführte Klage nachvollziehen können. Das Englische kennt bekanntlich keine Unterscheidung der Artikel und kommt mit wenigen Flexionsformen aus. Man mißt die vermeintliche Unlogik einer fremden Sprache eben gerne am Regelwerk der eigenen Muttersprache, die man kennt und daher für logisch hält. Wer aber in seinem Leben mehrere Sprachen gelernt hat, der weiß, daß man beim Sprachenlernen mit Logik nicht sehr weit kommt. Ebenso wie der Mensch ist auch die menschliche Sprache aus krummem Holz geschnitzt, und besser ist es, man läßt das unnütze Fragen, warum es zu jeder Sprachregel auch ein paar Dutzend Ausnahmen geben muß.

Was hätte Mark Twain wohl gesagt, wenn er Amharisch hätte lernen müssen – mit seinen zweihundertsiebenundsechzig Schriftzeichen und seiner weitverästelten Grammatik? Mir jedenfalls hat das Erlernen der deutschen Sprache keine großen Mühen bereitet. Vielleicht auch, weil ich das Glück hatte, schon in sehr jungen Jahren mit dem Lernen zu beginnen. Geistliche Hauslehrer hatten mir und meinen Geschwistern Amharisch, die »Amtssprache« des Landes, und auch ein wenig Ge'ez beigebracht, die ehrwürdige Sprache Altäthiopiens. Unseren Erzieherinnen wiederum oblag es, uns europäische Sprachen zu lehren. Mein finnisches Kindermädchen unterrichtete mich in Englisch. Meine ersten deutschen Wörter und Sätze lernte ich im Alter von drei Jahren aus dem Mund von »Tante Vera«. Sie war nicht meine leibliche Tante, sondern die Tochter eines Krakauer Missionars, der Mitte des neunzehnten Jahrhunderts nach Äthiopien gekommen war und hier die Tochter eines sächsischen Malers und einer äthiopischen Hofdame heiratete. Da »Tante Vera« die meiste Zeit ihres Lebens in Deutschland verbracht hatte, sprach sie ein makelloses Deutsch. Dann kam auch noch eine deutsche Erzieherin in unser Haus – »Tante Luise«, aus Hamburg stammend und in Wien aufgewachsen –, die mir vor dem Schlafengehen Grimms Märchen und die Märchen von Wilhelm Hauff vorlas.

Hinzu kam der glückliche Umstand, daß ich eine Schule besuchen durfte, in der von der ersten Klasse an Deutsch die Unterrichtssprache war. Die Deutsche Schule in Addis Abeba war die erste Auslandsschule, die von der Bundesrepublik nach dem Krieg gegründet wurde, und ich war einer ihrer ersten Schüler. Wir lernten mit deutschen Lese-, Geschichts- und Mathematikbüchern und dem braunen Diercke-Atlas nach dem Curriculum der Konferenz der deutschen Kultusminister, und fast alle unsere Lehrer stammten aus Deutschland. Und doch war deren Muttersprache nicht einfach Deutsch. Den allermeisten von ihnen war es unmöglich, ihre Herkunft zu verbergen, ein Dialektanklang war unverkennbar. Und wie zauberhaft war es, wenn man sie »reinen Dialekt« sprechen hörte. Bayrisch und Fränkisch, Schwäbisch und Hessisch, Berlinisch und Kölsch: All diese wunderbaren deutschen Dialekte hörte ich zum ersten Mal nicht in Deutschland, sondern bereits Jahre zuvor in der Deutschen Schule von Addis Abeba.

Man kann also sagen, daß mir der Reichtum und die Vielfalt der deutschen Kultur an lebenden Beispielen vor Augen geführt wurde. Und doch ist auch mir, der ich das Deutsche so früh und auf so selbstverständliche Art und Weise lernte, jene Erfahrung Mark Twains nicht fremd, die er anläßlich seines Besuches des Heidelberger Schlosses machte. Wie so viele, die sich einer fremden Sprache verschreiben und, wie ein trockener Schwamm das Wasser, begierig aufnehmen, was in dieser Sprache gesprochen und geschrieben worden ist, mußte auch ich feststellen, daß die Sprache, die ich mir auf diese Weise angeeignet hatte, nur ansatzweise mit der Sprache übereinstimmte, wie sie gemeinhin im Lande gesprochen wird. Auch ich bekam in Deutschland bisweilen zu hören, daß mein Deutsch recht kurios sei. Ich hatte wohl noch das Deutsch der Brüder Grimm im Ohr, und vor allem das von Gryphius, Klopstock, Lessing, Goethe, Schiller und all den anderen Autoren, die in die deutschen Lesefibeln Eingang gefunden hatten. Es war ein wenig ernüchternd, feststellen zu müssen, daß die Deutschen keineswegs so sprachen wie Schillers Wallenstein, Franz Moor oder Wilhelm Tell. »Drum prüfe, wer sich ewig bindet.« – »Wie kommt mir solcher Glanz in meine Hütte!« – »Die Axt im Haus erspart den Zimmermann.« – »Der Mohr hat seine Schuldigkeit getan.« Wenn man in der Mensa einer deutschen Universitätsstadt im Jahr 1968 das Gespräch mit solchen Sentenzen würzte, erntete man meist ungläubiges Staunen.

Schon damals übrigens wußten nur wenige meiner Kommilitonen um die Herkunft dieser und anderer deutschen Redensarten. Ein Frankfurter Geschäftsmann, in dessen Haus ich Anfang der siebziger Jahre zu Gast sein durfte – es war wohl eines der letzten bürgerlichen Häuser in Frankfurt, in dem es noch Kammerdiener und Dienstmädchen gab –, erzählte mir einmal die folgende Geschichte: Er hatte einem seiner Dienstmädchen zum Geburtstag eine Theaterkarte für *Wilhelm Tell* geschenkt und am Morgen nach der Vorstellung gefragt, wie es ihm denn gefallen habe. »Ausgezeichnet«, rief das Mädchen, sie habe viel geweint. Aber das Stück sei doch wenig originell, es seien einfach zu viele Zitate darin.

In den deutschen Lesefibeln der fünfziger und sechziger Jahre fanden sich neben den Klassikern auch Schriftsteller, die vielen heute kaum noch geläufig sein werden, wie etwa der damals recht populäre Reiseschriftsteller Peter Bamm; und solche, die heute gemeinhin mit spitzen Fingern angefaßt werden, wie zum Beispiel Hedwig Courths-Mahler. Ich erinnere mich noch sehr gut an eine Szene aus einem ihrer Romane, die bei mir – ich muß damals zwölf oder dreizehn gewesen sein – gewaltigen Eindruck hinterlassen hat. Im Grunde genommen handelte es sich nur um einen einzigen Satz daraus, der mich bezauberte: »Da war er, Harro von Treuenfels, nach Kniže duftend und mit einem gelben Schal.« So also empfahl sich in Deutschland ein Gentleman der Damenwelt: mit einem gelben Schal und einem geheimnisvollen Parfum namens Kniže! Sollte ich jemals in meinem Leben nach Deutschland kommen, so lautete damals mein fester Entschluß, würde ich mir als erstes einen gelben Schal zulegen und ein paar Fläschchen Kniže. In Tübingen und Frankfurt am Main war dann von Herren mit gelbem Schal weit und breit nichts zu sehen. Dem ein oder anderen war der Name Kniže als Herrenausstatter des einstigen Kaisers Franz Joseph ein

Begriff. Aber das sagenhafte Parfum gleichen Namens war, wo immer ich danach fragte – in Kaufhäusern, Parfümerien und Boutiquen –, gänzlich unbekannt.

Irgendwann Mitte der siebziger Jahre – meine Erinnerung an Hedwig Courths-Mahler und Harro von Treuenfels war schon ein wenig verblaßt – war ich bei einem Frankfurter Ehepaar zu einem Fest eingeladen. Es war eine jener typisch legeren Partys der Siebziger, auf denen den Gästen sämtliche Räume des Hauses offenstanden, inklusive des Schlafzimmers. Die Dame des Hauses ging, wie ich erfahren hatte, dem Beruf der Kosmetikerin nach. Als ich am späteren Abend einen Blick in das Schlafzimmer riskierte – kein Gast außer mir hatte sich dorthin verirrt –, sah ich neben dem Bett zwei Anrichten, über und über beladen mit Fläschchen und Flakons. »Kniže!« schoß es mir blitzartig durch den Kopf. Wäre es möglich, hier fündig zu werden? Hastig inspizierte ich – ein Auge auf die Zimmertür geheftet – die Herrenanrichte, und tatsächlich: Unter den zahlreichen Parfums fand sich ein kleiner rechteckiger Flakon mit der Aufschrift »Kniže Ten«. Ich wußte, daß sich das, was ich nun tat, für einen Gast nicht gehört, aber ich konnte einfach nicht widerstehen. Ich zog den schwarzen Deckel ab und tropfte mir ein wenig Flüssigkeit aufs Handgelenk. Es roch nach Bergamotte, Zeder und Sandelholz. Das also war der Duft, der deutsche Frauenherzen höher schlagen ließ! Beschwingt und erwartungsvoll mischte ich mich wieder unter die Gäste und hielt nach meiner Begleiterin Ausschau. Ich wollte sie gerade auf meine Entdeckung aufmerksam machen, da schnupperte sie an meinem Anzug und sagte zu mir: »Du riechst nach Mottenpulver!« Wenn sie gewußt hätte, welchen Zauber sie mit dieser Bemerkung zerstörte …

»Man darf die Konsonanten Knochen und Muskeln der Sprache nennen, die Vokale sind, was die festen Teile durchströmt und belebt, Blut und Atem«, schrieb der große Märchen- und Wörtersammler Jacob Grimm. Jedem, dem einmal ein Gedicht Heines und ein Vers Eichendorffs zu Gehör gebracht worden ist, wird das Deutsche als eine wohlklingende und melodiöse Sprache im Gedächtnis behalten. Auch Mark Twain tat dies, all seiner Klagen um dessen Kompliziertheit zum Trotz. Eine der schönsten Liebeserklärungen an das Deutsche, die ich kenne, stammt aus der Feder des argentinischen Dichters Jorge Luis Borges. Sein Gedicht »Al idioma alemán« (»Ode an die deutsche Sprache«) ist so zauberhaft, daß man es – hier in der Übersetzung von Gisbert Haefs – nur in voller Länge zitieren kann:

Mein Schicksal ist die kastilische Sprache,
die Bronze des Francisco de Quevedo,
doch in der sacht schreitenden Nacht begeistern
mich andere, intimere Musiken.
Die eine wurde mir vom Blut gegeben –
o Stimme Shakespeares und der Heiligen Schrift –,
andre vom Zufall, der freigebig ist,
dich aber, milde Sprache Deutschlands, habe
ich selbst erwählt und ganz allein gesucht.
Durch Nachtwachen und durch Grammatiken,
durch den Dschungel der Deklinationen,
durchs Wörterbuch, das niemals die genaue
Nuance liefert, hab ich mich genähert.
Voll von Vergil sind meine Nächte, hab ich
einmal gesagt; ich hätt auch sagen können,
voll Hölderlin und Angelus Silesius.
Heine gab mir die hohen Nachtigallen,
Goethe gab mir das Glück von später Liebe,
die nachsichtig und dabei käuflich ist;
Keller die Rose, die eine Hand läßt
in der Hand eines Toten, der sie liebte
und nie wissen wird, ob sie weiß, ob rot ist.
Du, Sprache Deutschlands, bist dein größtes Werk:

die verflochtenen Liebschaften zusammen-
gesetzter Wörter, offene Vokale
und Laute, die noch den beflissenen
Hexameter des Griechen möglich machen,
und dein Raunen von Wäldern und von Nächten.
Einmal besaß ich dich. Heut, an der Grenze
der müden Jahre, kann ich dich noch ahnen,
so fern wie die Algebra und der Mond.

Immer schon gab es welche, denen sich – vielleicht, weil ihnen das Gespür für das Raunen von Wäldern und von Nächten fehlte – die Musikalität des Deutschen nicht erschloß. Und gar manche, die das Deutsche für nichts weiter hielten als eine Ansammlung mißtönender Konsonanten. Als die Brüder Goncourt im Jahr 1860 durch Deutschland reisten, stießen sie in der Eisenbahn auf deutsche Frauen, die aussahen wie englische Zimmermädchen, und häßliche Männer, die »mit Konsonanten gurgeln«. Im zwanzigsten Jahrhundert warfen die beiden großen Kriege ihre dunklen Schatten auch auf die deutsche Sprache. Die Kunstsprache, die Charlie Chaplin seinem großen Diktator in den Mund legte, war tatsächlich nichts anderes als eine Ansammlung von Knacklauten und Konsonanten. Wer dem »Tomanischen« des Chaplinschen Diktators Hynkel lauschte, konnte inmitten des unverständlichen Kauderwelschs einige deutsche Vokabeln heraushören, die in Los Angeles ebenso verstanden wurden wie in München und Berlin: »Sauerkraut«, »Wiener Schnitzel«, »Blitzkrieg«, »Leberwurst« und »Katzenjammer«. Von nicht wenigen wurde fortan das Deutsche mit dem Bellen, Geifern und Brüllen Hitlers identifiziert.

Hängt es vielleicht mit der Geschichte Deutschlands zusammen, daß das Deutsche inzwischen auch von vielen Deutschen nicht mehr geschätzt wird? Einige Sprachwissenschaftler sind dieser Überzeugung. Sie glauben, daß die allfällig sichtbare Scheu der Deutschen, sich ihrer Muttersprache zu bedienen, aus dieser Scham über die eigene Vergangenheit erwächst. Man mag über die Gründe streiten: Ich jedenfalls kenne kaum eine andere Nation, die ihre Sprache mit einer solchen Nachlässigkeit zu behandeln scheint, wie die deutsche. Ich habe viele Deutsche im Ausland erlebt, die es konsequent vermieden, Deutsch zu sprechen, auch wenn sie unter sich waren. Offensichtlich war es ihnen peinlich, als Deutsche erkannt zu werden. Wir lassen in der Kinderkrippe Dreijährige mit dem Englischlernen beginnen, um sie beizeiten für die Globalisierung zu wappnen; gleichzeitig kann man in vielen Bundesländern heute das Abitur ablegen ohne eine Prüfung im Fach Deutsch.

Gibt es ein zweites Land auf der Welt, das sich derartig bereitwillig der globalen Weltsprache Englisch ausgeliefert hat? Von *airbag* und *after work party*, über *car sharing* und *duty free*, *future bonds*, *key account management* und *late night shopping*, bis hin zum *sabbatical*, *service points*, *youth hostels* und *zero tolerance*: Zu Aberhunderten haben in den letzten Jahrzehnten englische Vokabeln die deutsche Sprache überschwemmt, während die Liste der deutschen Wörter, die dafür ausgemustert wurden, länger und länger wird. Begierig werden die importierten englischen Vokabeln von Wirtschaft, Werbung, Wissenschaft, Politik und Medien aufgesogen, eben weil es als modern gilt, sich ihrer zu bedienen. Daß die Menschen, denen sie vorgesetzt werden, mit ihnen oft gar nichts anzufangen wissen, scheint kaum jemanden zu bekümmern. Als Journalisten in den Fußgängerzonen deutscher Städte die Menschen auf der Straße danach fragten, was wohl der kryptische Werbespruch eines deutschen Fernsehsenders – »*powered by emotion*« – auf deutsch heißen könne, erhielten sie Vorschläge wie »Kraft durch Freude« oder »Gepudert mit Gefühl«. »*Come in and find out*«: eine solcherart formulierte Einladung wurde von nicht wenigen übersetzt mit: »Komm rein und find wieder raus«. Die Inhaber von Modegeschäften und Cafés, die fast schon zwanghaft ihre Auslagen und Werbetafeln mit den Parolen »*sale*« und »*coffee to go*« schmücken, wären überrascht, wenn sie wüßten, wie viele, insbesondere ältere Menschen, vor dem

Schaufenster stehenbleiben und stutzen: Ihnen fällt bei dem Wort *sale* immer noch eher ein Fluß ein, der in Sachsen-Anhalt in die Elbe mündet, als der gute alte Schlußverkauf. Und sie wundern sich, warum seit einiger Zeit landauf, landab in den Cafés nur noch Kaffee aus Togo im Angebot ist. Denn auch wenn die Selbsteinschätzung oft eine andere sein mag: Es gibt in Deutschland weit weniger Menschen, die das Englische beherrschen, als gemeinhin angenommen. Englisch lernt sich eben nicht, wie Mark Twain kühn behauptete, innerhalb von dreißig Stunden.

Vor nicht allzu langer Zeit erregte der Ministerpräsident eines süddeutschen Bundeslandes allgemeine Heiterkeit anläßlich eines auf englisch gehaltenen Vortrags, mit dem er sich für ein Amt in der Kommission der Europäischen Gemeinschaft empfahl. Hätte er doch Deutsch gesprochen! Dann hätten zumindest die Deutschen unter seinen Zuhörern verstanden, was er sagte. Für das, was er für Englisch hielt, hätte es ohnehin eines Dolmetschers bedurft, es handelte sich um ein Kauderwelsch aus Schwäbisch und Globalesisch. Auch in der Wissenschaft und im deutschen Kulturleben greift die Geringschätzung der eigenen Sprache um sich. Vor kurzem erzählte mir ein befreundeter Autor, der für die Geschliffenheit seines Stils weithin geschätzt wird, daß die frisch auf diesen Posten beförderte Cheflektorin seines Verlags ihm ein Manuskript zurückgegeben habe mit der Empfehlung: Er solle bitte schön noch einmal »drübergehen« und die doch recht zahlreichen Nebensätze in seinem Text in Hauptsätze verwandeln. Mehr als drei Nebensätze pro Seite seien nämlich dem durchschnittlichen Buchleser von heute nicht zuzumuten.

An manchen deutschen Universitäten wird inzwischen ganz auf das Deutsche verzichtet und das Englische als Unterrichtssprache propagiert – übrigens auch in solchen Fächern, in denen das Deutsche Gegenstand der Forschung ist. Ich selbst habe einen wissenschaftlichen Kongreß erlebt, bei dem der vortragende Referent darauf bestand, seinen Vortrag über Goethes *Wilhelm Meister* auf englisch zu halten – es war dann auch in diesem Falle kaum etwas anderes als Globalesisch –, obwohl doch sein Publikum ausschließlich aus Deutschen bestand. Welch Wohlklang war es da, als die zähe und immer wieder stockende Rede des Vortragenden plötzlich durch die klaren Verse unterbrochen wurde: »Wer nie sein Brot mit Tränen aß, / Wer nie die kummervollen Nächte / Auf seinem Bette weinend saß, / Der kennt euch nicht, ihr himmlischen Mächte!« Wilhelm Meister, Mignon und den Harfner in englischer Übersetzung zu zitieren, das wagte er denn doch nicht.

Man wird schnell als Ewiggestriger belächelt und der Deutschtümelei bezichtigt, wenn man heute den Verfall der deutschen Sprache beklagt. War es nicht von jeher der Traum des Menschen, die babylonische Sprachverwirrung zu überwinden, und sind wir der Realisierung dieses Traums nicht schon erstaunlich nahe gekommen? Niemand muß sich mehr mit Volapük und Esperanto abquälen, wir haben doch das globale Englisch! Und weiterhin: War nicht auch die deutsche Sprache seit je allen möglichen Veränderungen und Einflüssen ausgesetzt, und hat sie diese nicht stets zu meistern und zu verdauen gewußt? Aber auch in vergangenen Zeiten haben sich kluge Köpfe um die Pflege der Sprache bemüht, und nicht selten mit Erfolg. In den dreißiger Jahren des siebzehnten Jahrhunderts gab es in Hamburg die »Deutschgesinnte Genossenschaft« des Schriftstellers Philipp von Zesen, eine Vereinigung, die sich die Bewahrung der Reinheit der deutschen Sprache auf die Fahnen schrieb. Philipp von Zesen verdankt die deutsche Sprache eine Vielzahl von Fremdwort-Verdeutschungen, die in die Alltagssprache eingegangen sind – wie zum Beispiel »Anschrift« für »Adresse«, »Ausflug« für »Exkursion«, »Gotteshaus« für »Tempel«, »Leidenschaft« für »Passion«, »Mundart« für »Dialekt« und »Weltall« für »Universum«. Zu Beginn des neunzehnten Jahrhunderts ersetzte der Verleger Joachim Heinrich Campe manch fremdes Wort durch bleibende deutsche Wortprägungen, so etwa »Takt« durch »Feingefühl«, »Rendezvous« durch »Stelldichein« und »Debatte« durch

»Streitgespräch«. Zahlreiche Wörter des Bahnwesens und des Postverkehrs gehen auf den ersten Reichspostmeister des Kaiserreichs, Heinrich von Stephan, zurück, darunter »Briefumschlag«, »Bahnsteig« und »Abteil«.

Gelegentlich mag man es auch damit übertrieben haben. Etwa in wilhelminischer Zeit, als übereifrige Puristen darangingen, deutsche Speisekarten zu säubern. Flugs verwandelte sich da ein »Chateaubriand mit Sauce béarnaise« in »Das Beste vom Rind mit einer Eiertunke«. Wenn es nach dem erwähnten Philipp von Zesen gegangen wäre, würden wir heute auch »Meuchelpuffer« sagen statt »Pistole«, »Dörrleiche« statt »Mumie«, »Zeugemutter« statt »Natur«, »Tageleuchter« statt »Fenster«, »Gesichtserker« statt »Nase« und »Jungfernzwinger« statt »Kloster«. Getrieben von aufklärerischem Furor hätte wiederum Campe liebend gerne die »Reliquie« durch »Heiltümelei«, den »Katholik« durch den »Zwangsgläubigen« und den »Soldaten« durch den »Menschenschlächter« ersetzt. Aber sollte uns das davon abhalten, einen »Computer« »Rechner« zu nennen und ein »Handy« – eine denglische Neuschöpfung, nebenbei bemerkt, die in der englischsprachigen Welt vollkommen unbekannt ist – ein »Taschentelefon«? Für die meisten Dinge gibt es doch schon ein sehr schönes deutsches Wort. So ziehe ich jederzeit gerne eine »Verabredung« einem »Date« vor, und eine »Veranstaltung« einem »Event«.

Warum aber die »Leidenschaft« Eingang in die deutsche Sprache fand, nicht aber der »Meuchelpuffer«? Da es in Deutschland keine nationale Einrichtung gibt, der die Pflege der Sprache obliegt, hing solcherlei eben meist von Zufällen ab. Über die Sprache Frankreichs etwa wacht seit dreihundertfünfundsiebzig Jahren die altehrwürdige Académie Française. Ihre vierzig Mitglieder, die »Unsterblichen« genannt, sind auf Lebenszeit bestimmt. Stirbt einer von ihnen, wählt die Versammlung der Akademie einen Nachfolger. In ihren »Wörterbuchsitzungen« legen die Mitglieder der Akademie fest, welche neuen Ausdrücke ins Französische eingehen dürfen und welche nicht. Und ich kenne keinen Franzosen, der daran zweifelt, daß seine Muttersprache bei den vierzig Unsterblichen in den besten Händen sei.

Von einer derartigen nationalen Autorität in bezug auf die Sprache kann man in Deutschland nur träumen. Zwar gibt es seit einigen Jahren einen Bundesminister für Kultur, aber die Kulturhoheit liegt bekanntlich bei den Ländern. In Deutschland hat man die Sprache – statt sie denen anzuvertrauen, die etwas von ihr verstehen: den Schriftstellern und Philosophen – untergeordneten Beamten und Regionalpolitikern ausgeliefert. Und wehe, sie machen von der ihnen zu Gebote stehenden Macht Gebrauch! In ihren Hinterzimmern haben sie ein bürokratisches Monster namens Rechtschreibreform herangezüchtet und auf die Deutschen losgelassen. Was immer man zu Gunsten der Rechtschreibreform vorbringen mag: Daß sie von Menschen ersonnen wurde, die ihre Sprache lieben, würden wohl nicht einmal die glühendsten Reformverfechter behaupten.

Gewiß hat eine solche zentrale Autorität, wie wir sie in Paris sehen, auch ihre Schattenseiten. In Frankreich etwa fehlt fast gänzlich der Sinn für die Schönheiten des Dialekts. Wer in der französischen Hauptstadt reüssieren will, muß die Spuren seiner Herkunft ausmerzen, und zwar bis zur Unkenntlichkeit. Ich finde, man darf ruhig merken, aus welchem Zipfel des Landes einer kommt, mag er nun Omnibusschaffner, Nachrichtensprecher oder Bundeskanzler sein. Dem Hochdeutschen, wenn es chemisch rein gesprochen wird, haftet immer auch etwas Kaltes und Unpersönliches an. Und was wäre das Deutsche ohne den Humus und Nährboden seiner Dialekte – vom Bayrischen und Südfränkischen über das Schwäbische und Allemannische, das Rhein- und Moselfränkische, das West- und Ostfälische, das Sächsische, das Mecklenburgisch-Vorpommersche, das Märkische und das Berlinische bis hin zum Plattdeutschen. Untergegangen sind die Dialekte Schlesiens und Ostpreußens, aber gelegentlich stößt man noch auf einen Deutschen baltischer Herkunft, der seine knorrige Mundart zum besten gibt. Für den, der aus der Ferne nach Deutschland kommt, mag diese einzigartige Vielfalt der Dialekte und Mundarten zunächst verwirrend erscheinen. Und doch ist es erstaunlich, wie schnell einem als »Neigschmeckter« – wie es so schön im Schwäbischen heißt – der örtliche Dialekt ans Herz wächst. Mir jedenfalls erging es so mit der Mundart, die ich in Tübingen kennenlernte, und ebenso mit jener der Stadt, die seit fast vierzig Jahren meine deutsche Wahlheimat ist, dem Frankfurterischen. Die Einebnung der Hierarchien, die Verringerung des Abstands zwischen den Menschen, die Profanisierung des hohen Tons, die Eingemeindung des Fremden: das alles vermag der Dialekt.

Vor nicht allzu langer Zeit fiel mir ein Buch in die Hände mit dem Titel: *Lexikon der bedrohten Wörter.* Es listet eine Vielzahl von deutschen Wörtern auf, die in den letzten Jahren und Jahrzehnten aus der Mode gekommen sind. Manche von ihnen sind noch gar nicht sehr alt, wie etwa die Wörter »supi«, »knorke« und »dufte«, die dem Jargon der Jugendsprache entstammen – der sich, wie wir wissen, stets in Windeseile erneuert. Auch das reichlich strapazierte Wörtchen »geil«, das dem Autor zufolge von der pubertierenden Jugend längst ausgemustert worden sei, ist hier aufgelistet. Um solche und manch andere Wörter mag es nicht schade sein, aber mir tat das Herz weh, als ich sah, daß auch so wunderbare deutsche Wörter wie »anheischig«, »saumselig« und »Gutdünken« vom Aussterben bedroht sind. Ginge es nach dieser Liste, wird es bald keinen »Backfisch«, keinen »Hagestolz« und keine »Kaltmamsell« mehr geben, auch keinen »Bummel« mehr und keine »Fisimatenten«. Ja, selbst das »Fräulein« und der »Kavalier« stehen auf der roten Liste.

»Die Zeit wird kommen, wo der Deutsche wieder fragt: auf welchen Wegen es seinen Vorfahren wohl gelungen, die Sprache auf den hohen Grad von Selbständigkeit zu bringen, dessen sie sich

166

jetzt erfreut«, schrieb Goethe in seinem Aufsatz »Deutsche Sprache«. Hoffentlich, kann ich nur sagen. Ich jedenfalls würde es sehr
bedauern, in einer Welt leben zu müssen, die keine »Fräulein« und
keine »Kavaliere« mehr kennt.

Bisweilen bin ich überrascht darüber, auf Spuren meines Heimatlandes zu stoßen, wo ich sie nicht vermutet hätte. Manch einer mag schon von der Geschichte der äthiopischen Königstochter Andromeda gehört haben, der antike Dichter Ovid erzählt in seinen *Metamorphosen* von ihr. Andromeda soll für die Verfehlungen ihrer Mutter büßen, die sich für schöner hielt als die Nymphen des Meeres. An eine Felsklippe gekettet, unter ihr die tosenden Wasser, wartet Andromeda darauf, dem Meerungeheuer Ketos geopfert zu werden. Ihre Schönheit kommt ihr zu Hilfe. Hoch oben in den Wolken erspäht Perseus, Sprößling des Zeus, die Angekettete, und im Nu ist er in Liebe entbrannt. Mit seinen Flügelschuhen und seinem Schwert besiegt er die Bestie im Kampf – nicht ohne vorher den äthiopischen König um die Hand seiner schönen Tochter zu bitten. Perseus folgt Andromeda in ihre Heimat, und sie gebiert ihm eine Reihe stattlicher Söhne. Die Sage ist vielfach nacherzählt worden, große Meister wie Rembrandt und Rubens haben sich ihrer angenommen. Eintausendfünfhundert Jahre später greift Shakespeare das Bild von der schönen Äthiopierin in *Romeo und Julia* wieder auf. Im Haus der Capulet sieht Romeo seine Julia zum ersten Mal, sie erscheint ihm im nur spärlich von Kerzen beleuchteten Festsaal: »It seems she hangs upon the cheek of night / As a rich jewel in an Ethiop's ear«: »Es scheint, als hinge sie an der Wange der Nacht / Wie ein reiches Juwel am Ohr einer Äthiopierin.« Die Folgen dieser schicksalhaften Begegnung sind allgemein bekannt.

Diese beiden Stellen von Ovid und Shakespeare waren mir – wie jedem Äthiopier, der sich für Literatur interessiert – geläufig; groß aber war meine Überraschung, als ich vor kurzem die schöne Äthiopierin in einem berühmten deutschen Roman des siebzehnten

Jahrhunderts wiederentdeckte: in Grimmelshausens *Simplicissimus Deutsch*. Eine Übertragung ins heutige Deutsch hat diesen Schatz der deutschen Literatur vor kurzem einem großen Publikum aufgetan – so auch mir. Die Szene, um die es geht, steht fast am Ende des Buches: Simplicius hat die Schlachtfelder des Dreißigjährigen Krieges hinter sich gelassen und der Welt den Rücken gekehrt. Als frommer Einsiedler will er sein Leben beschließen. Er pilgert nach Loreto und nach Rom, von dort will er weiter zu den heiligen Stätten Jerusalems. Er gelangt nach Alexandria und nach Kairo, wo er zwischendurch in die Hände einer Räuberbande fällt, dann ist er wieder auf See. Ein Schiffbruch läßt ihn auf einer menschenverlassenen Insel stranden, nur er und ein Schiffszimmermann scheinen das Unglück überlebt zu haben. Die beiden haben sich schon mit ihrem einsamen Dasein abgefunden, als sie eines Tages am Strand eine Kiste im Wasser treiben sehen, und auf ihr eine bewußtlose Frau. Aus ihrer Ohnmacht erwacht, stellt sie sich als abessinische Christin vor, die als Magd einer vornehmen ägyptischen Dame auf dem Schiff unterwegs gewesen sei. Sie bietet sich den Männern als Dienstmagd und Köchin an und erweist sich dabei als überaus anstellig. Doch währt der Aufenthalt der schönen Äthiopierin auf der Insel nur kurz. »Ich setzte mich um zu genießen, was angerichtet war«, berichtet Simplicius seinen Lesern, »und sprach nach löblichem Christenbrauch ein Dankgebet. Sobald ich aber das Kreuzzeichen über die Speisen und meine Tischgenossen machte und den Segen Gottes herabrief, verschwand auf einmal unsere Köchin mitsamt der Kiste und allem, was sie enthalten hatte, und hinterließ nur einen so grausigen Gestank, daß mein Kamerad davon in Ohnmacht fiel.« Die schöne Äthiopierin war gar keine solche, der Leibhaftige höchstpersönlich hatte sich ihrer Gestalt bedient. Dieser Ausgang der Geschichte, muß ich gestehen, schmälerte meinen Genuß der Lektüre doch ein wenig.

In Kants wenig aufklärerischer Schrift *Physische Geographie* aus dem Jahre 1802 steht geschrieben: »Die Neger werden weiß geboren, außer ihren Zeugungsgliedern und einem Ringe um den Nabel, die schwarz sind. Von diesen Teilen aus ziehet sich die Schwärze im ersten Monate über den ganzen Körper.« Auf welchem Wege diese erstaunliche Nachricht wohl nach Königsberg gelangt war? Deutsche Freunde erzählen mir von einem Spiel, das in ihrer Kindheit gebräuchlich gewesen sei:»Wer hat Angst vorm Schwarzen Mann?« Der »Schwarze Mann«, der Fänger im Spiel, ruft dabei der auf der gegenüberliegenden Seite stehenden Gruppe zu:»Wer hat Angst vorm Schwarzen Mann?« – »Niemand!« ruft der Chor zurück. Die sich anschließende Frage »Und wenn er aber kommt?«, wird mit »Dann laufen wir davon!« beantwortet – und damit ist das Fangspiel eröffnet. Bis in die achtziger Jahre des letzten Jahrhunderts, sagte man mir, sei es recht verbreitet gewesen. Man habe aber beim Spielen gar nicht an einen Mann mit schwarzer Hautfarbe und erst recht nicht an den Teufel gedacht. Erst später, als Erwachsenem, sei einem diese Anspielung bewußt geworden.

Schwarzer Mann, schwarzer Peter und schwarzes Schaf. Schwarzsehen, Schwarzmalen und Schwarzfahren: Wie in vielen anderen Sprachen verbindet auch das Deutsche die Farbe Schwarz oft mit Eigenschaften, die keine positiven Assoziationen auslösen. Im schlimmsten Falle ist – wie bei Grimmelshausen – der Teufel im Spiel. Wie aber nennt man beim Namen, was doch unübersehbar ist? Noch bis vor dreißig Jahren gehörte im Deutschen das Wort »Neger« – abgeleitet von *niger*, dem lateinischen Wort für schwarz – zum allgemeinen Sprachschatz. Beim Tode von Martin Luther King im Jahre 1968 vermeldete die ehrwürdige *Tagesschau*, der »Negerführer Martin Luther King« sei einem Attentat zum Opfer gefallen. Sorglos ließ man sich »Negerküsse« schmecken, gelegentlich auch als »Mohrenköpfe« bezeichnet, und niemand machte sich Gedanken bei dem Abzählreim »Zehn kleine Negerlein«. In den Kirchen weitverbreitet war der »Nickneger«, eine Form der Spendendose zugunsten der Überseemission. Das auf der Dose sitzende »Negerkind« bedankte sich für das Einwerfen einer Münze mit einem Kopfnikken. Das Fangspiel wird heute unter dem Namen »Wer hat Angst vorm wilden Mann« gespielt. Der Negerkuß heißt heute Schokokuß, und der Nickneger wurde ins Kuriositätenkabinett verbannt. Der Duden schreibt in seiner Ausgabe aus dem Jahr 2004: »Die Bezeichnungen *Neger, Negerin* sollten im öffentlichen Sprachgebrauch nicht mehr verwendet werden, da sie zunehmend als Diskriminierung empfunden werden. Mögliche Ausweichbezeichnungen sind *Schwarzer, Schwarze, Farbiger, Farbige* oder *Schwarzafrikaner, Schwarzafrikanerin, Schwarzamerikaner, Schwarzamerikanerin*. In Deutschland lebende Schwarze haben als Eigenbezeichnung *Afrodeutscher, Afrodeutsche* vorgeschlagen.«

Gelegentlich wird mir im Gespräch die Frage gestellt, wie ich es mit meiner Hautfarbe halte: Ob ich mich denn als »Schwarzer« empfände? Ich antworte darauf in der Regel mit der Gegenfrage: »Empfinden Sie sich denn als Weißer?« Kein Europäer käme wohl auf die Idee, sich über seine Hautfarbe zu definieren. Es gibt eine Legende aus der Provinz Gondar, wie unsere Urahnen erschaffen wurden: Gott besaß einst einen großen Ofen. Nachdem er die Erde, die Pflanzen und Tiere erschaffen hatte, beschloß er, nun den Menschen zu schaffen und in seinem Ofen zu backen. Er war sich aber nicht ganz sicher bezüglich der nötigen Backzeit. Er begann sein Werk, und nach einer Weile wollte er feststellen, ob es gelungen sei. Er nahm die Fuhre aus dem Ofen, doch stellte sich heraus, daß es zu früh war: So kamen die weißen Menschen zur Welt. Sodann schob er die zweite Fuhre in den Ofen. Während die Menschen im Ofen buken, kam der Teufel des Weges und verwickelte Gott in ein Gespräch, über das er die Zeit vergaß. Als Gott die Ofentüre öffnete, stellte er fest, daß die Fuhre verbrannt war. So kamen die schwarzen Menschen zur Welt. Beim dritten Mal paßte Gott genau darauf auf, nichts falsch zu machen, und siehe da: Diesmal erwischte er den richtigen Zeitpunkt. Aus dem Ofen kamen die braunen Menschen, die Äthiopier. Vor der italienischen Besatzung gab es kaum einen Äthiopier aus dem Hochland, der von sich behauptet hätte, er sei schwarz. Denn er hielt sich für braun. Erst die Ausgrenzung aller Äthiopier durch die faschistischen Kolonialherren führte zu einer gemeinsamen »schwarzen« Identität. Nicht nur in Deutschland, auch in Äthiopien betritt man mit der Frage nach der Hautfarbe mitunter vermintes Gelände.

Vor einiger Zeit stieß ich auf die im Deutschen gebräuchliche Wendung »einen Äthiopier weißwaschen«. Auf diese Redensart konnte ich mir keinen Reim machen, also holte ich mir sprachwissenschaftlichen Rat. Man sagte mir, sie bedeute soviel wie Wasser mit einem Sieb schöpfen, Samen auf Felsen säen, Feuer spalten, einen Delphin das Schwimmen lehren, mit einem Netz den Wind jagen, Wolle vom Esel scheren, ein Seil aus Sand winden, einem Tauben eine Geschichte erzählen oder einen Ziegelstein weichkochen – ergo: vergebliche Liebesmüh. Gelehrte führen die Herkunft der Redewendung auf die Geschichte von der Taufe des äthiopischen Kämmerers im Neuen Testament zurück. Der Kämmerer der äthiopischen Königin Kandake, heißt es in der Apostelgeschichte, befand sich auf der Rückreise von Jerusalem. Der Apostel Philippus fand ihn in seinem Wagen, den Propheten Jesaja lesend. Philippus predigte dem Fremden das Evangelium Christi, worauf der äthiopische Kämmerer sich taufen ließ. In den Augen mancher, welche die Geschichte auslegten, wusch das Taufwasser tatsächlich nicht nur die Seele rein, sondern auch die Hautfarbe des Bekehrten. Auf vielen Bildern jedenfalls ist er mit weißer Haut dargestellt. Nicht anders erging es übrigens der äthiopischen Prinzessin Andromeda: In zahlreichen Darstellungen von Rubens bis Gustave Doré erscheint sie mit marmorglänzender weißer Hautfarbe.

Das Anstößige abzuwaschen, dieser Aufgabe haben sich nicht zuletzt die Sprachreiniger verschrieben, die von den Vereinigten Staaten aus ihren Feldzug nach Europa antraten. Im Namen der *political correctness* wird von ihnen inzwischen statt »schwarz« oder »farbig« die Bezeichnung »dunkelhäutig« favorisiert. Manche wollen gar so weit gehen und die anstößigen Begriffe »Schwarzer« und

»Neger« aus Büchern wie *Struwwelpeter* und *Tom Sawyer* tilgen. Ob aber aus der zitierten Schrift des Königsberger Philosophen eine menschenfreundlichere wird, wenn es fortan heißt: »Die Dunkelhäutigen werden weiß geboren ...«? Ich glaube an die Macht der Sprache, aber nicht daran, daß die Sprache Wunder bewirken kann. Dadurch, daß wir die Dinge anders nennen, schaffen wir die Vorurteile nicht aus der Welt.

Bekanntlich gibt es für mein Heimatland zwei Bezeichnungen. Die heute geläufige, Äthiopien, stammt aus dem Griechischen: »das Land der gebrannten Gesichter«. Die antiken Griechen bezeichneten damit den ihnen damals bekannten Teil Afrikas. Die andere, Abessinien, leitet sich von dem arabischen Wort *habesch* ab, »Land der gemischten Rassen«. Die Europäer haben diesen nicht selten abwertend gebrauchten Begriff dann übernommen, und so ist auch in Grimmelshausens *Simplicissimus* nicht von einer Äthiopierin, sondern von einer Abessinierin die Rede. Vor einigen Jahren fand ich Abessinien auf der Insel Sylt wieder. Dort wird der Strandabschnitt bei Buhne 31, der für das Nacktbaden ausgewiesen ist, als »Abessinien« bezeichnet. Verständlicherweise war mein Interesse groß, zu erfahren, wie es zu dieser Bezeichnung kam. Man muß dazu ein paar Jahrzehnte in der Geschichte zurückgehen. Im Oktober 1935 strandete bei Buhne 31 zwischen Kampen und List der französische Frachtdampfer »Adrar«, von dem das Gerücht ging, er habe Waffen für Äthiopien geladen. Erst ein dreiviertel Jahr später, im August 1936, kam die »Adrar« wieder frei und setzte ihre Reise nach Afrika fort. Inzwischen hatten die Sylter den Strandabschnitt in »Abessinien« umgetauft. Und weil der Strand bei Buhne 31 das Refugium der in Deutschland schon damals recht populären Freikörperkultur war, stand fortan Abessinien für das Nacktbaden auf Sylt. Ich kann mir offengestanden kaum etwas Deutscheres vorstellen als die FKK-Bewegung – jedenfalls ist mir kein Land der Welt bekannt, in dem sie soviel Zuspruch erfährt wie in Deutschland. Mögen die Sylter und ihre Gäste auch weiterhin der Nacktkultur am Strandabschnitt Abessinien frönen. Aber man wird auch Verständnis dafür haben, daß man mich, wenn ich auf Sylt bin, nicht in Abessinien finden wird.

Mein Migrationshintergrund

Mehr als zwei Jahre war Fürst Pückler-Muskau schon im Orient auf Reisen, als er im Februar 1837 in Kairo eintraf. Der ägyptische Vizekönig Mehmet Ali empfing ihn und sein Gefolge – darunter sein Sekretär, ein Kammerdiener, ein Koch, ein Dolmetscher und sein geliebter Hund Susannis – standesgemäß mit Salutschüssen. Auch hier in Ägypten war der Gartenschöpfer, Schriftsteller und Lebemann aus dem fernen Muskau in der Oberlausitz kein Unbekannter. Von nun an durfte er sich als persönlichen Gast des mächtigen Pascha ansehen, der für sämtliche Kosten aufkam, für Unterkunft und Verpflegung ebenso wie für Reisen und Diener. Eine Einladung, die der deutsche Fürst gerne annahm, zumal ihn auch jetzt, wie die meiste Zeit in seinem Leben, Geldsorgen plagten.

Ein paar Tage nach seiner Ankunft begibt sich Fürst Pückler auf einen Bummel auf den Kairoer Sklavenmarkt. Er hält nach einer geeigneten Sklavin Ausschau, die ihm seinen Aufenthalt in Ägypten versüßen und ihn auf seiner geplanten Nilexpedition begleiten soll. Überreichlich ist das Angebot der von den Händlern dargebotenen Frauen, fast alle von ihnen schwarzer Hautfarbe. Er nimmt unschlüssig einige Angebote in Augenschein, dann fällt sein Blick auf ein Mädchen, das ihn sogleich in seinen Bann zieht. Schön ist sie, in seinen eigenen Worten, »wie eine Venus von Tizian, nur in schwarzer Manier«. Wie die meisten der Feilgebotenen trägt auch sie »nichts als das Kostüm ihres Vaterlandes«, nur ein Gürtel aus schmalen Lederriemen, mit kleinen Muscheln verziert, schmückt ihren Leib. Diese Frau muß er besitzen, koste es, was es wolle! Hastig schließt er den Handel ab, ohne wie üblich um den Preis zu feilschen. Keiner soll ihm zuvorkommen. Das Mädchen stamme, so erklärt ihm der Händler, aus den südlichen Gefilden Abessiniens und trage den Namen Ajiamé. Ihr Alter wird mit elf angegeben. Später wird sie dem Fürsten offenbaren, daß ihr wahrer Name »Machbuba« sei, die »Goldene«.

Von dem Augenblick, in dem Machbuba in seinem Besitz war – dies festzuhalten, darauf legt der Fürst allergrößten Wert –, habe er sie nicht mehr als Sklavin gesehen, sondern als eine Freie und dementsprechend behandelt. Ihre außergewöhnliche Erscheinung ist vielfach beschrieben worden, so auch von Ludmilla Assing, der späteren Biographin des Fürsten: »Machbuba war schön, wenn auch von ganz anderer Schönheit als derjenigen der Europäerinnen. Sie war keine Negerin, sondern von rotbrauner Farbe; wenn die Sonne sie beschien, so verlieh ihr dieselbe einen märchenhaften Glanz; ihr Teint glich dann einem über Goldplatten ausgebreitetem Seidenflor, und ihre Haut war weicher als Atlas und Sammet, weicher als der Flaum eines Kolibris. Ihre Gestalt konnte von keiner griechischen Statue übertroffen werden, ihre Zähne glichen zwei Perlenreihen, ihre schwarzen Haare kontrastierten malerisch mit den roten Rosen, mit welchen sie sich zu schmücken liebte.« Sie besaß einen lieblichen Ausdruck »voll himmlischer Güte und irdischem Feuer im funkelnden Auge, Grazie in jeder Bewegung und war von hoher noch nie gestörter Natürlichkeit«. Die feine Beobachterin vergißt auch nicht zu erwähnen, daß Machbubas »Gemüt und Charakter an Schönheit das holde Äußere noch weit überflügelten«.

Ein paar Tage nachdem Machbuba in seinen Besitz kam, bricht der Fürst in ihrer Begleitung zu seiner Nilexpedition auf. So weit will er in den Süden Afrikas vordringen, wie noch kein Europäer vor ihm, noch über die als Grenze bekannte Stadt Wad Medani südlich von Karthum hinaus. Auf Barken geht es nilabwärts und oft auf dem Rücken von Kamelen, wenn es die zahlreichen unpassierbaren Katarakte zu umgehen galt. Machbuba, gekleidet in der Tracht eines Mamelukenjungen und bewaffnet mit einem Dolch, weicht dem Fürsten nicht von der Seite. Sie besichtigen Tempel und Gräberfelder und jagen nach Krokodilen und Antilopen. Am liebsten sind dem Fürsten die Ausritte durch die Wüste, die er mit Machbuba ganz allein unternimmt. Pückler ist erstaunt über die Geschicklichkeit seiner Gefährtin, aber noch mehr über ihre Neugier und Auffassungsgabe. Sie bringt ihm Arabisch bei, er ihr europäische Sprachen, beginnend mit Italienisch. Als er in Abu-Harraz schwerkrank darniederliegt, behandelt sie ihn mit Zitrusfrüchten und einigen Bouteillen jamaikanischen Rums. Im Nu ist die Gesundheit des Fürsten wiederhergestellt. Bald spricht er von Machbuba als dem »impressionabelsten aller Menschen«, und keinem seiner Begleiter bleibt verborgen, daß die Zuneigung gegenseitig ist.

Die Expedition erreicht tatsächlich die Stadt Wad Medani, dann erzwingt im Juli eine neuerliche Erkrankung des Fürsten die Rückreise nach Kairo. Ein halbes Jahr später beschließt Fürst Pückler, sich auf die Heimreise zu machen. Üblicherweise entledigte man sich als Europäer im Orient seiner afrikanischen Sklavinnen vor der Abreise. Nicht so Fürst Pückler. So unentbehrlich ist ihm die schöne Machbuba inzwischen geworden, daß sie ihm sogar die Kasse verwaltet. Sie begleitet ihn, zuerst nach Jerusalem, weiter über Nablus und Aleppo nach Konstantinopel, und schließlich über Siebenbürgen und Ungarn nach Wien. Hier stellt Fürst Pückler seine Geliebte als äthiopische Prinzessin vor. Im Nu wird sie zum strahlenden Mittelpunkt der prachtvollen Bälle am kaiserlichen Hof. Auch die Generalität der k.u.k. Armee zeigt sich höchst angetan, wie Fürst Pückler berichtet: »Wenn sie im männlichen Mamelukenprachtkostüm auf meinen arabischen Pferden, deren ich über ein Dutzend aus der Wüste mitgebracht, wie der kühnste ungarische Husarenoffizier die Vollblutpferde tummelte, bei Manövern bei Pest oder Wien, hatte sie oft einen ganzen Generalstab um sich versammelt.« In Wien klärt sich durch einen glücklichen Umstand obendrein die genaue Herkunft Machbubas. Dem äthiopischen Übersetzer Othsu Aga, der hier zusammen mit dem deutschen Sprachforscher Karl Tutschek an einem Wörterbuch der oromischen Sprache arbeitete, klang die Heimatsprache Machbubas vertraut. Er erkannte sie sogleich als die Sprache der Oromo, der zahlenmäßig größten Volks-

179

gruppe Äthiopiens. Fürst Pückler berichtet in seinen Briefen, daß Machbubas Dorf nach einem Angriff eines verfeindeten Stammes niedergebrannt worden sei. Dabei seien Machbubas Eltern ums Leben gekommen, sie selbst und ihre Schwestern gerieten in die Fänge von Sklavenhändlern, die sie über Karthum nach Kairo verschleppten. Zu jener Zeit, als am Horn von Afrika die Volksstämme der Oromo, Amhara, Kaffa, Tigre und Somali um die Vorherrschaft kämpften und der Handel mit Sklaven noch weitverbreitet war, war dies kein außergewöhnliches Schicksal.

Um so außergewöhnlicher der Entschluß Fürst Pücklers, Machbuba zu sich nach Deutschland zu nehmen. Im September des Jahres 1840 trifft die Karawane des Fürsten – beladen mit all dem, was der Fürst aus dem fernen Orient mit nach Hause brachte: Teppiche und antike Kostbarkeiten, zahlreiche Ibisse und ein Dutzend Pferde – im heimischen Muskau ein. Anders als in Wien wird die schöne Machbuba in der Oberlausitz recht kühl aufgenommen. Mit der jungen Nebenbuhlerin will sich Lucie von Pückler-Muskau, die das Gut verwaltende geschiedene Gattin des Fürsten, keinesfalls arrangieren. Die Verbindung des Fürsten mit der jungen Abessinierin wird weithin als Skandal empfunden.

Einwanderungsbehörden, wie wir sie heute kennen, gab es damals noch nicht auf deutschem Boden. Daß man ihr die Aufenthaltsgenehmigung verweigerte, etwa weil sie durch einen sicheren Drittstaat eingereist sei und obendrein ohne gültige Papiere, mußte Machbuba also nicht fürchten, wohl aber den kleindeutschen Standesdünkel des neunzehnten Jahrhunderts. Man stelle sich vor, wie wohl das aufgeklärte einundzwanzigste Jahrhundert dem Fürsten und seiner Geliebten zu Leibe gerückt wäre: Kolonialistisches Herrendenken, Menschenhandel, Geiselnahme und Entführung, Unzucht mit Minderjährigen und Päderastie und ganz sicher Frauenverachtung im höchsten Maße – mit solchen Vorwürfen hätte sich der für seine Zeit doch so aufgeklärte Fürst auseinanderzusetzen gehabt. Im Licht der Geschichte freilich erscheint dieses moderne

Instrumentarium der aufgeklärten Gesellschaft seltsam stumpf. Daß Machbuba auch im europäischen Verständnis als eine Frau an der Schwelle zum Erwachsenenalter gelten konnte, zeigt nicht zuletzt das Beispiel der Pücklers: war doch die Mutter des Fürsten selbst mit fünfzehn verheiratet worden – im Europa der damaligen Zeit kein ungewöhnliches Heiratsalter. Daß Machbuba überdies eine selbstbewußte Frau war, zeigen die Briefe, die sie mit dem Fürsten wechselte. Und wer wollte den Fürsten dafür tadeln, daß er sich – höchst ungewöhnlich für seine Zeit – seiner Geliebten gegenüber verantwortlich zeigte, wohl wissend, welchen gesellschaftlichen Anstoß er damit erregte? In den Zeitungen erscheinen böswillige Karikaturen, die den Fürsten mit Machbuba zeigen, letztere barfuß und nur mit einem Bastrock bekleidet, im Ohr einen riesigen Ring und an der Hand ein angeleintes Krokodil, das mit aufgerissenem Maul lüstern nach seiner Besitzerin schnappt.

Schon in Wien hatte sich Machbuba kränklich gezeigt. Ob es die Spätfolgen jener hartnäckigen Erkältung waren, die sie sich zuvor im verschneiten libanesischen Gebirge zugezogen hatte? Jedenfalls verstarb Machbuba nur wenige Wochen nach ihrer Ankunft auf Schloß Muskau am 27. Oktober 1840. Fürst Pückler hielt sich zu dieser Zeit in Berlin auf, aber er hatte seine Geliebte in erfahrenen Händen zurückgelassen. Der vormalige Leibarzt des Fürsten Metternich, Dr. Freund, den Pückler aus Wien nach Muskau mitgebracht hatte, beaufsichtigte die Kranke. Ihm blieb schließlich nichts weiter übrig, als den Tod festzustellen. Als Todesursache attestierte er eine Unterleibstuberkulose, die bereits auf die Lungen übergegriffen hatte.

Dr. Freund nahm Machbuba auch die Totenmaske ab sowie Abdrücke von Händen und Füßen. Dann richtete er auf dem Muskauer Dorffriedhof das Begräbnis aus. Machbuba wurde im orientalischen Gewand beigesetzt. Fürst Pückler sollte es sich sein restliches Leben lang nicht verzeihen, daß er seine Geliebte in der Stunde des Todes allein gelassen hatte. »Dieser Verlust geht viel tiefer bei mir, als Sie alle zu glauben vermögen«, schrieb er seinem Arzt und Freund. »Sie ist für immer auf dieser Erde unersetzlich für mich.« So tief ging der Schmerz, daß Fürst Pückler das schon länger gehegte Vorhaben, Schloß Muskau zu verkaufen, nun in die Tat umsetzte. Es gab nichts mehr, was ihn dort hielt. Jahre später ließ er sich nach den Abdrucken eine lebensgroße Wachspuppe seiner Geliebten anfertigen. Wer will, kann auf dem Dorffriedhof in Bad Muskau das Grab Machbubas aufsuchen, die Totenmaske und Fußabdrücke der schönen Äthiopierin sind im Fürst-Pückler-Museum in Branitz zu besichtigen.

Machbuba war eine der ersten Äthiopierinnen, die damals den Weg nach Deutschland fand, aber sie war nicht die einzige. Der Herzog von Württemberg etwa brachte 1840 – in jenem Jahr als Machbuba im kalten Klima der Lausitz den Tod fand – mehrere Oromo von einer Forschungsreise nach Ägypten mit, wie Machbuba aus der Sklaverei freigekauft. Gerne schmückten sich die Fürsten an den europäischen Höfen mit ihren Kammermohren und Mohrenpagen, die bei Bällen und Hoffesten ihre Auftritte hatten. Die allermeisten von ihnen, darf man annehmen, waren nicht freiwillig nach Europa gekommen. Bis in die siebziger Jahre des zwanzigsten Jahrhunderts gab es nur sehr wenige Äthiopier, die ihrem Land dauerhaft den Rücken kehrten. »Auswandern« war ein Wort, das man in Äthiopien nicht kannte, ebensowenig wie die Wendung »ins Exil gehen«. Ich kann mich noch ganz genau an den Tag erinnern, als ich im Oktober 1968 Äthiopien verließ, um mein Studium in Tübingen aufzunehmen. Meine Eltern und meine Geschwister, und dazu noch die große Schar von Freunden und Bekannten, die mich an den Flughafen von Addis Abeba begleiteten, um von mir Abschied zu nehmen: Sie alle hatten Tränen in den Augen, als ich die Maschine nach Europa bestieg. Alle Äthiopier, die an ausländischen Universitäten – egal ob in Europa, in den Vereinigten Staaten oder anderswo – studierten, können ähnliches berichten. Es stand gar nicht außer Frage, daß man sich gleich am ersten Tag der Semesterferien ins Flugzeug setzte, um in die Heimat zurückzukehren, wo Verwandte und Freunde sehnsüchtig auf einen warteten. Und daß man den Studienaufenthalt im Ausland als eine erzwungene, vorübergehende Abwesenheit betrachtete. So stand auch für mich damals fest, daß ich nach beendeter Ausbildung in mein Heimatland zurückkehren würde.

Ich durfte mich Ende der sechziger Jahre als äthiopischer Student in einer deutschen Universitätsstadt als Exot fühlen. Mancher Afrikaner mag sich an eine ähnliche Szene erinnern, wie ich sie damals in Tübingen mehrmals erlebte: Man saß in der Sonne auf einer Bank und hing seinen Gedanken nach und sah sich neugierigen Blicken ausgesetzt. Und bisweilen wurde man auch angesprochen: »Sie sind aber net von hier?« Was sollte man darauf entgegnen außer einem kurzen und bündigen: »Nein.« – »Drum!« lautete dann die typische Antwort, und damit war das Gespräch in der Regel beendet. In der Regel, aber nicht immer: Ich habe es auch erlebt, daß sich aus einer solcherart tastenden Kontaktaufnahme ein langes Gespräch entwickelte. Und einmal wurde ich sogar von einem neugierigen Tübinger Ehepaar von der Bank weg zum Mittagessen eingeladen, so groß war die Neugierde, mehr über mich und meine Heimat zu erfahren.

Tempora mutantur. Vor fünfunddreißig Jahren lebten in Frankfurt am Main neun Äthiopier. Man kannte sich und fühlte sich wie eine große Familie. Einmal im Monat kamen wir alle zusammen, aßen äthiopisches Essen und hörten äthiopische Musik. Heute leben allein im Rhein-Main-Gebiet rund 10 000 Äthiopier, in ganz Deutschland ungefähr 20 000. Dazu kommen etwa 40 000 Eritreer, die bis 1993 zu Äthiopien gehörten. Die meisten Äthiopier, die seit Mitte der siebziger Jahre nach Deutschland gekommen sind, haben ihrer Heimat nicht freiwillig den Rücken gekehrt. Sie flüchteten vor den Wirren der Revolution und dem daraus hervorgegangenen kommunistischen Militärregime Mengistus. Zum zehnten Geburtstag der sogenannten äthiopischen Revolution im Jahre 1985 wurden weltweit Hunderttausende politische Flüchtlinge aus Äthiopien gezählt. Die Mehrzahl von ihnen fand Aufnahme in den Vereinigten Staaten, aber auch viele in Europa und in der Bundesrepublik. Sie konnten für sich den Status politisch Verfolgter in Anspruch nehmen. Zu dieser Gruppe gehörte bekanntlich auch ich: In jenem Herbst 1974, als ich in Frankfurt an meiner Promotion arbeitete und in Äthiopien das Kaiserreich gestürzt wurde und Mengistu die Macht ergriff, wurde mein Vater als Präsident des Kaiserlichen Kronrats bei Nacht und Nebel erschossen, meine Mutter und meine Geschwister gefangengenommen. Es sollte schließlich fünfzehn lange Jahre dauern, bis die letzten Mitglieder, darunter auch meine Mutter, ihre Freiheit wiedererlangten. Die Bundesrepublik Deutschland gewährte mir Asyl – so wie vielen meiner Landsleute, die vor dem kommunistischen Regime geflohen waren.

Ich weiß, daß mein Schicksal als politischer Flüchtling alles andere als repräsentativ ist. Mir war das Land, in dem ich Aufnahme fand, von Kindesbeinen an vertraut. Ich war von deutschen Erzieherinnen erzogen worden, hatte in Addis Abeba die Deutsche Schule besucht, ich hatte Verbindungen und eine Vielzahl von deutschen Freunden, die mich unterstützten. Die allermeisten Flüchtlinge, die aus Afrika nach Europa kommen, können von solchen Umständen nur träumen. Sie landen in einer Welt, die ihnen fremd ist und in der sie sich mühsam zurechtfinden müssen. Den Äthiopiern scheint dies – *cum grano salis* – ein wenig leichter zu fallen als manch anderen Volksgruppen. Sie gelten als sprachbegabt, vielleicht weil sie aus einem Land kommen, in dem viele Sprachen gesprochen werden und jeder von Kindesbeinen an zwei oder drei Sprachen lernt. Und sie gelten als, wie es so schön heißt, in besonderem Maße integrationswillig. Als ich beispielsweise vor kurzem in Frankfurt in einem der äthiopischen Restaurants zu Gast war, sah ich dort eine junge Äthiopierin die Bestellungen aufnehmen, die ich vorher noch nicht gesehen hatte, und sie tat dies in einem perfekten, fast akzentfreien

Deutsch. Ich fragte sie, wie lange sie schon im Land sei und seit wann sie Deutsch lerne, und zu meiner Verblüffung gab sie mir zur Antwort: alles in allem zwölf Monate. Sie hatte sich offensichtlich das Deutsche ebenso leicht angeeignet wie einst Machbuba das Italienische.

Äthiopier finden sich in Deutschland nicht nur in sogenannten niederen Berufen, sie arbeiten als Ingenieure, Banker, Unternehmensberater oder Ärzte, darunter auch einige international gefragte Spezialisten. Die Mehrzahl der letzteren hat ihren Weg nach Deutschland über die DDR gefunden: Sie hatten in jenen Jahren, als die kommunistische Diktatur in Äthiopien die DDR als Brudervolk ansah, in Ostberlin oder an anderen Universitäten des Ostblocks Medizin studiert und anschließend beschlossen, in Deutschland zu bleiben.

Und auch wenn sie in viele Länder verstreut wurden, fühlen sich die Äthiopier im Exil weltweit miteinander verbunden. Ich erinnere mich noch gut daran, wie ich in den achtziger Jahren als Pressechef der Düsseldorfer Messe eine deutsche Delegation in die Vereinigten Staaten begleitete. In Washington bestiegen wir eines Abends ein Taxi mit einem Fahrer, den ich sofort als Äthiopier erkannte. Wir unterhielten uns die ganze Fahrt über angeregt auf amharisch, während meine beiden deutschen Begleiter auf dem Rücksitz stumm den ihnen fremden Klängen lauschten. Am Ziel angekommen, zog ich meine Brieftasche hervor und sagte: »Was macht's?« Der Taxifahrer schaute mich mit großen Augen an und rief: »Spinnst du?« Auf mein sichtliches Erstaunen hin erklärte er: »Ich werd doch kein Geld von einem Äthiopier nehmen!« Eine Szene, die sich in Frankfurt, Hamburg oder Berlin ganz genauso hätte abspielen können.

Das heimliche Verbindungsnetz der äthiopischen Gemeinden in Deutschland und anderswo im Exil stellen die zahlreichen äthiopischen Restaurants dar: Allein vierzehn von ihnen gibt es heute in Frankfurt am Main. Bei Injera und Wot, bei Tej und äthiopischem Kaffee kommt Heimatgefühl auf. Zugleich sind die äthiopischen

Restaurants aber auch Botschafter ihres Landes in der Fremde, und dabei höchst erfolgreich: Fast neunzig Prozent der Gäste, die hier einkehren, sind Deutsche – neugierig darauf, eine andere, ihnen fremde Kultur kennenzulernen. Und wer einmal die Vorzüge der äthiopischen Küche kennengelernt und seine anfängliche Scheu vor dem Essen mit Fingern abgelegt hat, der kommt gerne wieder.

Der Umstand, an dem das Gelingen von Integration gemeinhin gemessen wird, ist die Übernahme der Staatsangehörigkeit. »Der Paß ist der edelste Teil von einem Menschen«, heißt es in Brechts *Flüchtlingsgesprächen.* »Er kommt auch nicht auf so einfache Weise zustande wie ein Mensch. Ein Mensch kann überall zustande kommen, auf die leichtsinnigste Art und ohne gescheiten Grund, aber ein Paß niemals. Dafür wird er auch anerkannt, wenn er gut ist, während ein Mensch noch so gut sein kann und doch nicht anerkannt wird.«

Ein jeder Flüchtling kann ein Lied davon singen – von Verhören und Behördenbürokratie, von Stempeln in befristeten Aufenthaltspapieren und dem erniedrigenden Gefühl, daß der Wert eines Menschenlebens am Vorhandensein eines Stücks Papier taxiert wird. Die Bundesrepublik Deutschland hat aus der Geschichte Lehren gezogen und das Recht auf Asyl als unveräußerliches Grundrecht in der Verfassung verankert. Zahlreiche Menschen verschiedener Ethnien sind in den letzten Jahrzehnten von überall auf der Welt nach Deutschland gekommen – manche als Flüchtlinge, manche als sogenannte Gastarbeiter. Für viele von ihnen ist die Bundesrepublik eine neue Heimat geworden. Darüber, wie sie zu integrieren seien, hat man in Deutschland lange Zeit kaum einen Gedanken verloren. Man hat sie in die Kategorien »Gastarbeiter«, »Asylanten« und »Spätaussiedler« sortiert und als »ausländische Mitbürger« oder »Migranten« bezeichnet. Neuerdings hat der seltsame Begriff »Menschen mit Migrationshintergrund« Konjunktur. Von ihm dürfen sich auch all die angesprochen fühlen, die wie ich in den letzten

Jahrzehnten die deutsche Staatsbürgerschaft angenommen haben. Der maßgeblichen Definition des Statistischen Bundesamtes zufolge zählen zu den Menschen mit Migrationshintergrund »alle nach 1949 auf das heutige Gebiet der Bundesrepublik Deutschland Zugewanderten, sowie alle in Deutschland geborenen Ausländer und alle in Deutschland als Deutsche Geborenen mit zumindest einem nach 1949 zugewanderten oder als Ausländer in Deutschland geborenen Elternteil« – immerhin neunzehn Prozent der deutschen Bevölkerung. Wozu aber soll ein Begriff taugen, mit dessen Hilfe deutsche Staatsbürger in Ausländer zurückverwandelt werden?

Man möge doch dann auch ein Pendant für die »in Deutschland lebenden Menschen ohne Migrationshintergrund« einführen, ist scherzhaft vorgebracht worden, und es wurde auch sogleich ein Vorschlag gemacht: Wie wäre es beispielsweise mit dem Begriff »Biodeutsche«?

Das spezifische deutsche Staatsangehörigkeitsrecht hat es mit Deutschlands neuen Bürgern nicht gut gemeint. Bis heute gilt in Deutschland im wesentlichen das *ius sanguinis*, das Abstammungsprinzip: Deutscher ist mithin nicht, wer in Deutschland geboren wird; Deutscher ist, wer von Deutschen abstammt. Dies hat bekanntlich dazu geführt, daß Hunderttausende seit Jahrzehnten in Deutschland leben, arbeiten und Steuern zahlen und sich doch als Bürger zweiter Klasse fühlen müssen, da sie über die Gesellschaft, in der sie leben, nicht mitbestimmen können. Und es hat auch zu der irrigen Vorstellung geführt, Deutsche müßten an Haut und Haar zu erkennen sein. In den letzten Jahren hat sich die Bundesrepublik Deutschland verstärkt darum bemüht, diejenigen ohne deutschen Paß zur Annahme der deutschen Staatsbürgerschaft zu bewegen – nicht ohne Erfolg. Und so sind auch viele Äthiopier, die bislang mit einer unbefristeten Aufenthaltsgenehmigung zufrieden waren, in den letzten Jahren dem Aufruf zur Einbürgerung gefolgt. Aber man sollte sich keine Illusionen machen: Niemandem, der einst als Flüchtling ins Land kam, fällt es leicht, den Paß seiner Heimat aufzugeben. Was deutsche Integrationsbeauftragte freuen mag, ist eben gleichzeitig ein Ausdruck von Hoffnungslosigkeit: Die meisten Äthiopier, die ich kenne, taten den Schritt der Einbürgerung, weil sie die Hoffnung aufgegeben haben, jemals wieder in ihre Heimat zurückkehren zu können.

Mir wurde diese Entscheidung gewissermaßen von höherer Stelle abgenommen: Mein Paß war von der äthiopischen Regierung eingezogen worden, und dies war für mich der Anstoß, die deutsche Staatsangehörigkeit zu beantragen. Fühle ich mich nun, seit mehr als vierzig Jahren in diesem Land und den deutschen Paß in der Tasche, als Deutscher – oder doch zumindest als äthiopischer Deutscher? In vielerlei Hinsicht gewiß, aber wenn ich mich zwischen den Bezeichnungen »äthiopischer Deutscher« und »deutscher Äthiopier« entscheiden müßte, fiele mir die Wahl schwer.

»Die Wesen aus der Wüste können unser Klima nicht vertragen«, meinte einst Fürst Pückler, nachdem er, ohne zu wissen, wie ihm geschah, seine geliebte Machbuba verloren hatte: »Sie gehen ein, wie Blumen, ohne krank zu sein.« Die schöne Machbuba leistet mir seit einiger Zeit Gesellschaft, sie hat Eingang in meinen Salon gefunden. Es handelt sich um die Kopie eines Ölgemäldes, das im Fürst-Pückler-Museum in Branitz aufbewahrt wird. Vermutlich wurde es kurz vor ihrem Tod im Oktober 1840 auf Schloß Muskau gemalt, der Meister ist unbekannt. Auf dem Bild ist Machbuba im Mamelukenkostüm dargestellt. Ihr makelloses Antlitz wird umrahmt von einem Turban aus rotgestreiftem Tuch. Sie trägt ein gestreiftes Hemd und darüber eine dunkle Weste mit geschlitzten Ärmeln. Um die Taille hat sie ein rotes Tuch geschlungen, in dem ein silbern blitzender Dolch steckt. Ihr Blick ist stolz in die Ferne gerichtet, und doch, so will es mir scheinen, liegt in ihren Augen ein Anflug von Traurigkeit. Wenn ich sie betrachte, kommt mir Pücklers Satz von der in der Fremde eingehenden Blume in den Sinn.

Und wenn mir die Frage gestellt wird, ob ich mich als Deutscher fühle, taucht vor meinem inneren Auge das Bild Machbubas auf. Ja, ich fühle mich als Deutscher – und gleichzeitig wird, solange ich lebe, ein äthiopisches Herz in mir schlagen.